# Proxmox Firewall

Ralf-Peter Kleinert

**Der Autor:**

Ralf-Peter Kleinert, geboren im Januar 1981 in Hennigsdorf bei Berlin, ein echter DDR-Bürger. Seit es den Commodore C64 gibt, lernte ich alles über Computer, was ich in die Finger bekommen konnte.

Das schöne war dabei, dass ich die ganze Entwicklung erleben durfte. Von der lahmen Klapperkiste bis zur Höllenmaschine, die heute unter dem Schreibtisch steht. Ein Handy z.B. steckt heute alle Computer von damals weg. Das Wissen über Rechner und der Drang zu lernen, führten mich immer Tiefer in die Materie.

Nun Blogge ich einen Teil meines Wissens mit dem Computer auf Webseiten und schreibe dieses Buch. Die Programme wurden besser und das Internet kam. Heute nutze ich es vor allem als Social Media Manager. Als IT- und Computerexperte seit Win95 kann ich auf viele Jahre "Computerprobleme" zurückblicken und ich glaube, dass gerade wegen der Probleme die

Computer verursachen, überhaupt erst die Experten heranwachsen.

Als Social Networking im Web 2.0 begann, hatte all das Lernen auch plötzlich einen tieferen Sinn. Alleine im Zimmer zu sitzen war seitdem vorbei. Auf einmal wurden Computer vernetzt und die Kommunikation mit den Menschen, statt mit einem Diskettenstapel begann. Ob es viele Gleichgesinnte gab, wusste ich ja vorher kaum. Zunächst trafen sich aber nur Nerds im Netz und diese wurden teils belächelt oder auch gehänselt. Heute ist Networking normal, weil quasi jeder On ist.

2010-2012 absolvierte ich meine Ausbildung zum Mediengestalter beim Silicon Studio Berlin. Hier durfte ich mein Wissen festigen und ausbauen. Weil ich auch Fotografie-Erfahrung hatte, machte ich zusätzlich ein Praktikum bei „One I A Fotostudio„. Insbesondere, weil das Fotografieren ein Bestandteil im Social Media Management ist.

# Proxmox Firewall

Verstehen Einschalten Abschotten

von

Ralf-Peter Kleinert

Auflage 1. - Oktober 2024

© 2024  All rights reserved.

DIGITALeasy – SSR-Entertainment

Ralf-Peter Kleinert

Schönfließer Straße 78

16548 Glienicke

kontakt@ralf-peter-kleinert.de

ralf-peter-kleinert@proton.me

https://ralf-peter-kleinert.de

https://hilfe-vom-admin.de

Die Deutsche Nationalbibliothek verzeichnet dieses Werk in der Deutschen Nationalbibliografie. Detaillierte bibliografische Daten sind im Internet unter https://dnb.d-nb.de abrufbar.

Schrift: Vollkorn

Cover: Ralf-Peter Kleinert / Adobe Photoshop

Druck: Amazon Fulfillment, Printed in Poland.

ASIN E-Book: B0DL5QFGMB

ISBN Hardcover: 9798344711188

ISBN Taschenbuch: 9798344711058

# Inhaltsverzeichnis

# 1. Einleitung

Hallo liebe Leserinnen und Leser,

nachdem ich bereits drei Bücher über Proxmox veröffentlicht habe, möchte ich in diesem Buch tiefer in die Thematik der Proxmox-Firewall eintauchen. Netzwerksicherheit ist ein absolutes Muss, und ohne Firewall geht es einfach nicht. Wenn wir unsere Systeme nicht richtig absichern, riskieren wir Angriffe von außen, und das kann sich keiner leisten. Proxmox bringt von Haus aus einige sehr praktische Möglichkeiten mit, um Container und virtuelle Maschinen zu schützen. Aber wie bei jeder Technik gilt: Man muss verstehen, wie sie funktioniert und wie man sie richtig einsetzt.

In diesem Buch zeige ich Ihnen, wie Sie die Proxmox-Firewall effektiv nutzen. Es gibt keine Patentlösung, die für jede Umgebung passt, deshalb geht es hier darum, das Verständnis zu vertiefen. Mit dem richtigen Wissen können Sie die Firewall so konfigurieren, dass sie optimal zu Ihren Anforderungen passt. Denn Sicherheit ist nicht statisch, sondern ein laufender Prozess. Mit Proxmox haben Sie ein starkes Werkzeug zur Hand, das Ihnen hilft, Ihre Systeme zu härten und gegen Bedrohungen abzusichern.

Dieses Buch richtet sich an alle, die mehr über Netzwerksicherheit in einer Proxmox-Umgebung lernen möchten, egal ob Sie schon Erfahrung mit Proxmox haben oder gerade erst anfangen. Ziel ist es, Ihnen das notwendige Rüstzeug zu geben, damit Sie Ihre Systeme vor Angriffen schützen können.

Meine bisherigen Bücher über Proxmox und IT-Sicherheit haben erfreulicherweise gute Resonanzen bekommen, aber es gab auch kritische Stimmen. Ein wiederkehrendes Thema war die Wiederholung von Inhalten. Dazu möchte ich sagen: Das hat seinen Grund. Ich achte darauf, jedes Buch klar zu strukturieren und sauber in Überschriften und Kapitel zu gliedern. Die Wiederholungen sind bewusst so gestaltet – wenn Sie ein Kapitel nach der Überschrift aufschlagen, sollen Sie dort alle relevanten Infos finden, ohne blättern zu müssen. Kapitelverweise wie »siehe hier« oder »siehe Kapitel XYZ« vermeide ich bewusst. Mein Ziel ist, dass Sie alles Wichtige dort finden, wo Sie es erwarten, auch wenn dadurch Informationen im Buch mehrfach vorkommen.

Ich bitte darum, diese Wiederholungen im Kontext zu sehen. Die Usability des Buches liegt mir sehr am Herzen. Auch wenn der Druck dadurch etwas teurer wird, halte ich an diesem Prinzip fest – Übersichtlich-

keit, Einfachheit und eine gute Benutzererfahrung
sind mir wichtig.

Natürlich habe ich auch in der Druckausgabe dieses
Buches nach jedem technischen Kapitel eine Seite für
»Eigene Notizen« eingefügt, wie in all meinen anderen
IT-Büchern. Die »Eigenen Notizen« sind auch im
Inhaltsverzeichnis ausgewiesen. Manche mögen das
nicht, aber ich selbst finde es praktisch, und es gibt
viele Leser, die es schätzen. Ich habe unzählige IT-
Bücher zu Themen wie .NET, ADS, MySQL, Windows
Server, Linux, und und und – und was findet man in
jedem Buch? Kritzeleien und Notizen. Deshalb bleibe
ich dabei: Es ist eine wertvolle Ergänzung für alle, die
sich ihre eigenen Gedanken und Ergänzungen festhalten möchten. Ich mach es so, ich lass es so.

## 1.1 Voraussetzungen

Sie haben sich hier ein Buch zur Firewall-Konfiguration in Proxmox gekauft, daher gehe ich davon aus,
dass Sie bereits mit Proxmox vertraut sind. Denn die
Firewall wird erst dann interessant, wenn man versteht, wie Proxmox funktioniert. Sollten Sie jedoch
noch keine Erfahrung mit Proxmox haben, empfehle
ich Ihnen, vorab meine beiden Fachbücher zu lesen:
»Proxmox VE 8 Praxisbuch: Informationen, Tipps und
Tricks für Proxmox-Einsteiger und Fortgeschrittene«

(Amazon-Suche: B0DBTPD1CL) und »Proxmox VE 8
Proxmox BS 3 Profibuch: Hochverfügbarkeits-Cluster
Aufbau« (Amazon-Suche: B0DGXTLSSV).

## 1.2 Unser Admin Bob

Für dieses Buch habe ich mir den fiktiven Administrator »Admin Bob« überlegt. Admin Bob ist unser
erfahrener IT-Admin, der immer wieder auftaucht
und sich daran macht, die Firewall in Proxmox zu
konfigurieren. Er ist dabei nicht nur ein Beispiel, sondern hilft dabei, die teils komplexen Sachverhalte
lebendig und nachvollziehbar darzustellen. Indem ich
auf Admin Bob zurückgreife, kann ich die Konzepte
anschaulicher erklären und Ihnen zeigen, wie
bestimmte Einstellungen in einer realistischen Testumgebung aussehen könnten.

## 1.3 Testumgebung VMware Pro Linux

Für die Erklärungen zur Proxmox-Firewall habe ich
mir eine Testumgebung aufgebaut: Auf VMware Pro
unter Linux läuft ein Proxmox-Cluster mit den Nodes
pve-01, pve-02, pve-03, pve-04 und einem Backup-
Server namens pbs-01 (pve steht für Proxmox Virtual
Environment, pbs für Proxmox Backup Server). In
dieser Cluster-Umgebung betreibe ich drei Container
(CTs).

Diese Testumgebung ist zwar ziemlich umfangreich, aber sie liegt nahe an einer produktiven Infrastruktur und eignet sich daher ideal, um realistische Firewall-Szenarien durchzuspielen. Das Buch wird anhand dieser Umgebung ausgerichtet sein. Wichtig ist: Die hier gezeigte Firewall-Konfiguration kann in jeder Umgebung ähnlich angewendet werden, unabhängig davon, wie Ihre Umgebung konkret aussieht. Abgesehen von den spezifischen IP-Anbindungen von außen verhält sich die Proxmox-Firewall intern überall gleich.

Mir ist wichtig, dass Sie das Konzept hinter den drei Firewall-Stufen in Proxmox wirklich verstehen, damit Sie Ihre Umgebung später sicher und zuverlässig verwalten können. Diese Stufen – von der Data Center Firewall über die Node- bis zur spezifischen VM- und CT-Firewall – geben Ihnen die nötige Kontrolle, um Zugriffsregeln gezielt anzupassen. Sobald Sie diese Ebenen beherrschen und zusätzlich die internen Firewalls Ihrer VMs wie etwa in Windows konfigurieren, haben Sie eine ausgezeichnete Grundlage geschaffen, um das gesamte System sicherer zu gestalten.

## 2. Netzwerksicherheit braucht Firewalls

Netzwerksicherheit ohne Firewall? Das funktioniert einfach nicht. Eine Firewall ist der Türsteher für Ihr

Netzwerk. Ohne sie gibt es keine Kontrolle darüber, wer Zugang hat und wer nicht. Stellen Sie sich vor, Sie hätten in Ihrem Haus keine Türschlösser – jeder könnte einfach rein- und rausspazieren. Genau so verhält es sich mit Netzwerken. Wenn Sie keine Firewall nutzen, öffnen Sie Hackern und Schadsoftware die Tür zu Ihrem gesamten System.

Die Firewall sorgt dafür, dass nur gewünschter Datenverkehr ins Netzwerk kommt und alles Unerwünschte draußen bleibt. Sie überprüft jede Verbindung und entscheidet nach festgelegten Regeln, ob der Zugriff erlaubt ist oder nicht. Damit ist sie Ihre erste Verteidigungslinie gegen Bedrohungen von außen. Ohne diese Schutzschicht können Angreifer relativ leicht auf Ihre Systeme zugreifen, sensible Daten abgreifen oder Schaden anrichten.

In virtuellen Umgebungen wie Proxmox ist dieser Schutz besonders wichtig, da Sie hier mehrere virtuelle Maschinen und Container auf einem physischen Server betreiben. Jede Schwachstelle in einer VM kann theoretisch genutzt werden, um das gesamte System anzugreifen. Mit der richtigen Konfiguration der Firewall können Sie diese Gefahr minimieren und sicherstellen, dass nur autorisierter Traffic Ihr Netzwerk erreicht.

Kurz gesagt: Ohne Firewall setzen Sie sich unnötigen Risiken aus. Die Proxmox-Firewall ist ein mächtiges Werkzeug, um Ihre Netzwerksicherheit zu gewährleisten, aber sie muss verstanden und richtig eingesetzt werden. Darum geht es in diesem Buch – Ihnen zu zeigen, wie Sie Ihre Umgebung mit der Proxmox-Firewall absichern und sich gegen die immer komplexeren Bedrohungen im Netz wappnen.

## 3. Grundlagen Proxmox-Firewall

Die Proxmox-Firewall besteht nicht nur aus Regeln für einzelne Nodes, virtuelle Maschinen (VMs) und Container (CTs), sondern umfasst auch eine übergeordnete Firewall auf der Ebene des gesamten Data Centers. Diese Data Center Firewall bietet eine zentrale Steuerung für das gesamte Netzwerk und ermöglicht es Ihnen, Regeln festzulegen, die für alle Nodes und VMs/CTs im Data Center gelten.

Stellen Sie sich die Data Center Firewall als die oberste Schutzschicht vor. Sie definiert die grundsätzlichen Sicherheitsrichtlinien, die überall gelten sollen. Wenn Sie also eine Regel auf dieser Ebene festlegen, wirkt sie sich auf das gesamte Netzwerk aus, unabhängig davon, ob es sich um einzelne Nodes oder spezifische VMs oder CTs handelt. Das ermöglicht eine einfache und zentrale Verwaltung, insbesondere in großen Umgebungen mit vielen Nodes und Instanzen. Es macht es auch einfacher, allgemeine Sicherheitsrichtlinien durchzusetzen, ohne jede VM oder jeden Container separat konfigurieren zu müssen.

Die Ebenen der Firewall in Proxmox sind also wie folgt gestaffelt:

- Data Center Firewall: Die allgemeine Sicherheitsebene, die für das gesamte Netzwerk gilt.
- Node-Firewall: Regeln, die spezifisch für einzelne physische Hosts gelten.
- VM/CT-Firewall: Regeln, die für einzelne VMs oder Container gelten und den Datenverkehr zu diesen isoliert steuern.

Durch diese Aufteilung haben Sie die volle Kontrolle über Ihre Netzwerkstruktur. Sie können allgemeine Regeln auf Data Center-Ebene definieren und diese dann auf Node- und VM/CT-Ebene weiter verfeinern. Das ist besonders nützlich, wenn Sie sicherstellen wollen, dass bestimmte Sicherheitsvorgaben überall greifen, während Sie trotzdem die Flexibilität haben, in spezifischen Umgebungen angepasste Regeln einzusetzen.

Ein weiterer Vorteil der Data Center Firewall ist, dass sie es erlaubt, globale Sicherheitsrichtlinien zentral zu verwalten, was besonders in großen, verteilten Umgebungen den Verwaltungsaufwand reduziert. So können Sie beispielsweise global festlegen, dass bestimmte Ports oder Protokolle in Ihrem gesamten Netzwerk blockiert werden, während Sie auf Node- oder VM-Ebene spezifischere Ausnahmen definieren.

In den folgenden Kapiteln werden wir uns näher damit befassen, wie Sie die Firewalls unter Proxmox einrichten und optimal konfigurieren können, um eine umfassende und robuste Netzwerksicherheit zu gewährleisten.

## 3.1 Wie funktioniert die Proxmox-Firewall?

Die Proxmox-Firewall ist ein Schutzsystem, das aus mehreren Ebenen besteht und den Netzwerkverkehr innerhalb des Proxmox-Clusters kontrolliert. Vereinfacht gesagt, funktioniert sie, indem sie Regeln aufstellt, die den Datenfluss zwischen den verschiedenen Nodes, virtuellen Maschinen (VMs) und Containern (CTs) steuern. Proxmox setzt dabei auf »iptables«, um die Firewall-Regeln zu verwalten und auf alle Hosts im Cluster zu verteilen.

Grundsätzlich basiert das Prinzip der Proxmox-Firewall auf drei Ebenen: Die Data Center Firewall steuert die allgemeinen Regeln für das gesamte Netzwerk, die Node-Firewall schützt den jeweiligen physikalischen Host, und die spezifische VM/CT-Firewall sorgt für zusätzlichen Schutz auf der Ebene der einzelnen Instanzen. Jede dieser Ebenen ermöglicht es, gezielte Sicherheitsrichtlinien zu erstellen und den Zugriff präzise zu steuern.

Die Steuerung erfolgt entweder über die Proxmox-Weboberfläche oder die Kommandozeile. Der Vorteil? Man hat die volle Kontrolle darüber, wer auf welche Dienste und Daten zugreifen kann. Standardmäßig blockiert die Firewall alle eingehenden Verbindungen, die nicht explizit erlaubt sind – eine »Default-Policy«, die erst einmal maximale Sicherheit schafft.

## 3.2 Zonen, Regeln und die Default-Policy

Die Proxmox-Firewall arbeitet mit einer klaren Struktur aus Zonen, Regeln und einer Default-Policy, die zusammen für eine präzise Kontrolle des Netzwerkverkehrs sorgen.

**Zonen** sind logische Bereiche, die Nodes, VMs und Container organisieren und in denen Regeln festgelegt werden. So kann zum Beispiel die »Data Center Zone«

globale Regeln für das gesamte Netzwerk definieren, während spezifische Regeln in Node- oder VM-Zonen den Zugriff weiter differenzieren. Diese Zoneneinteilung hilft, unterschiedliche Sicherheitsrichtlinien für verschiedene Netzwerkbereiche umzusetzen.

**Regeln** sind das Herzstück der Firewall. Sie legen fest, welcher Datenverkehr zugelassen oder blockiert wird. Dabei können sie auf eine bestimmte Zone oder spezifische IP-Bereiche angewendet werden. Die Regeln können je nach Bedarf angepasst werden, um unterschiedliche Sicherheitsanforderungen zu erfüllen, sei es auf Netzwerkebene oder für spezifische Dienste.

Die **Default-Policy** rundet das Konzept ab, indem sie bestimmt, wie die Firewall mit Verbindungen umgeht, für die keine expliziten Regeln existieren. Standardmäßig ist die Default-Policy restriktiv, was bedeutet, dass alle nicht explizit erlaubten eingehenden Verbindungen blockiert werden. Das sorgt dafür, dass das System maximal abgesichert ist, bevor detaillierte Regeln hinzugefügt werden.

Insgesamt geben Ihnen Zonen, Regeln und die Default-Policy die Flexibilität und Kontrolle, die Proxmox zu einer soliden Firewall-Lösung für virtuelle Umgebungen machen.

## 3.3 Eigene Notizen

## Eigene Notizen

## 4. Einrichtung der Proxmox-Firewall

**Achtung! Als erstes tun:** Bevor Sie die Firewalls auf einem entfernten Proxmox-Server aktivieren (Datacenter und Node), stellen Sie sicher, dass die Ports 8006 (für das Webinterface) und 22 (für SSH) offen sind. Wenn Sie alle eingehenden Verbindungen blockieren und diese beiden Ports nicht erlauben, verlieren Sie sofort nach dem Einschalten der Firewall die Verbindung zum Server. Denken Sie daran: Ohne Zugriff auf das Webinterface oder SSH wird es schwierig, Änderungen rückgängig zu machen oder das System zu verwalten.

Sie müssen zum Testen auf einem entfernten Server die Ports 8006 (Webinterface) und 22 (SSH) zunächst sowohl in der Datacenter- als auch in der Node-Firewall zu aktivieren. Normalerweise genügt es, diese Regel nur auf Node-Ebene zu setzen, aber um sicherzugehen, dass die Verbindung nicht verloren geht, aktivieren Sie auf beiden Ebenen.

Um die Verbindung freizugeben, gehen Sie zu: Datacenter Firewall → Add → setzen Sie Direction auf »IN«, Action auf »ACCEPT«, Dest. Port auf 8006, Protocol auf »tcp« und aktivieren Sie »Enable«.

Datacenter Firewall → Add → setzen Sie Direction auf »IN«, Action auf »ACCEPT«, Dest. Port auf 22, Protocol auf »tcp« und aktivieren Sie »Enable«.

Node-Firewall → Add → setzen Sie Direction auf »IN«, Action auf »ACCEPT«, Dest. Port auf 8006, Protocol auf »tcp« und aktivieren Sie »Enable«.

Node-Firewall → Add → setzen Sie Direction auf »IN«, Action auf »ACCEPT«, Dest. Port auf 22, Protocol auf »tcp« und aktivieren Sie »Enable«.

Sollten Sie die Standardports durch andere Ports ersetzt haben, wie zum Beispiel Port 22 auf 30222 für SSH, müssen Sie diese geänderten Ports entsprechend erlauben. Standardmäßig verwendet SSH den Port 22. Überprüfen Sie daher genau, ob die Ports angepasst wurden, und fügen Sie die neuen Ports in der Firewall-Konfiguration hinzu, damit Sie weiterhin auf den Server zugreifen können.

## 4.1 Behutsames Testen der Firewall

Ich gebe Ihnen folgenden Tipp: Lassen Sie die Ports für SSH (Standard 22) und das Proxmox-Webinterface (Standard 8006) sowohl auf der Datacenter- als auch auf der Node-Ebene wie oben beschrieben zu. Die Input-Policy des Datacenters ist standardmäßig auf

»Drop« gesetzt, was bedeutet, dass alle anderen eingehenden Verbindungen außer den freigegebenen Ports geblockt werden. Die Output-Policy ist auf »Accept«, sodass ausgehender Datenverkehr erlaubt ist. Schalten Sie dann die Datacenter-Firewall und die Node-Firewall ein, um den Schutz zu aktivieren.

Oftmals ist Kontrolle besser als Vertrauen. Testen Sie daher jeden Schritt einzeln, um sicherzugehen, dass die Verbindung stabil bleibt. Beginnen Sie mit einer SSH-Verbindung, um die Firewall zu testen, bevor Sie Änderungen am Port für das Proxmox-Webinterface vornehmen.

Bauen Sie eine SSH-Verbindung zum Proxmox-Server auf, zum Beispiel mit Putty oder einem anderen SSH-Tool. Loggen Sie sich über SSH in den Proxmox-Server ein – die Verbindung sollte problemlos funktionieren. Gehen Sie in der Proxmox-Weboberfläche zur Node-Firewall. Entfernen Sie den Haken für SSH, aber lassen Sie ihn in der Datacenter-Firewall gesetzt. Schließen Sie die SSH-Sitzung und warten Sie etwa 20 Sekunden. Verbinden Sie sich erneut – die Verbindung sollte funktionieren.

Schließen Sie Putty wieder und entfernen Sie nun auch den Haken bei SSH in der Datacenter-Firewall.

Nach weiteren 20 Sekunden sollte die SSH-Verbindung blockiert sein. Gehen Sie zurück zur Node-Firewall und aktivieren Sie den Port 22 dort erneut. Die Verbindung über Putty sollte wieder möglich sein.

Die Einrichtung der Proxmox-Firewall ist der erste wichtige Schritt, um Ihre Umgebung abzusichern. Dabei geht es nicht einfach nur darum, ein paar Regeln zu setzen und fertig. Sie müssen sich genau überlegen, welche Zugriffe Sie erlauben wollen und welche nicht. Proxmox bietet hier eine sehr flexible Firewall, die sowohl auf Node-Ebene als auch auf VM- und CT-Ebene arbeiten kann. Der Vorteil ist, dass Sie für jede Ebene spezifische Regeln festlegen können, ohne andere Bereiche zu beeinflussen. So können Sie exakt bestimmen, wie der Datenverkehr innerhalb Ihres Netzwerks fließt.

Sie sehen schon, die Aktivierung der Firewall ist ziemlich einfach und erfolgt entweder über die Weboberfläche von Proxmox oder über die Kommandozeile. In diesem Buch konzentriere ich mich auf die Einstellungsmöglichkeiten über die Proxmox-Weboberfläche – schließlich wurde diese dafür gemacht, dass Benutzerinnen und Benutzer alles ganz einfach erledigen können. Warum also nicht nutzen, was uns das Leben leichter macht? Später werde ich auch ein paar

Notfallbefehle für SSH und Shell ansprechen, falls die GUI mal nicht wie gewünscht funktioniert. Solange die GUI jedoch läuft, bleibt sie unser Hauptwerkzeug.

Aber das ist nur der Anfang – danach geht es darum, die passenden Regeln zu erstellen. Hier gilt: Sicherheit kommt zuerst. Das bedeutet, dass Sie zunächst alles blockieren und dann gezielt Zugriffe freigeben sollten. Die Default-Policy ist standardmäßig so eingestellt, dass sie eingehenden Traffic blockiert. Das gibt Ihnen die Kontrolle darüber, was reinkommt, und verhindert ungewollte Zugriffe.

Wichtig ist, dass Sie bei der Einrichtung der Firewall strukturiert vorgehen. Beginnen Sie mit den grundlegenden Regeln für den gesamten Node und arbeiten Sie sich dann bis zu den einzelnen VMs und Containern vor. Dabei sollten Sie auch immer wieder testen, ob die Verbindungen, die Sie zulassen wollen, funktionieren und alles andere blockiert wird.

## 4.2 Festlegen der ersten Regeln

Sobald der erste Test, wie im letzten Kapitel beschrieben erfolgreich war und die SSH-Verbindung jeweils bei aktivierter Node- oder Datacenter-Firewall funktioniert, sollten Sie die Ports für SSH (22) und das Proxmox-Webinterface (8006) ausschließlich auf der

Node-Ebene freigeben und im Datacenter blockieren. So bleiben neue Nodes, die später hinzugefügt werden, sicher isoliert, bis Sie in deren Node-Firewall gezielt die Verbindungen zulassen. Diese Strategie sorgt zu Beginn für besseren Überblick und kann später flexibel angepasst werden, wenn Ihre Umgebung wächst und sich die Anforderungen ändern.

Da die Firewall jetzt aktiv ist, können Sie spezifische Regeln für jeden Node, jede VM und jeden Container konfigurieren.

**5. Zusammenfassung der Firewall Ebenen**

Die Proxmox-Firewall bietet mehrere Ebenen für eine umfassende Sicherheitskontrolle:

- **Data Center Firewall**: Wirkt global auf das gesamte Netzwerk und setzt grundlegende Sicherheitsregeln für alle Nodes und Instanzen.
- **Node-Firewall**: Schützt den einzelnen physikalischen Server und steuert den Datenverkehr, der den Host direkt betrifft.
- **VM/CT-Firewall**: Ermöglicht spezifische Sicherheitsrichtlinien für jede virtuelle Maschine und jeden Container, um individuellen Schutz zu gewährleisten.

Diese Ebenen arbeiten zusammen und ermöglichen eine flexible, abgestufte Absicherung.

## 5.1 Eigene Notizen

## 6. Regelbasierte Filterung

Bei der regelbasierten Filterung in der Proxmox-Firewall geht es darum, den eingehenden und ausgehenden Traffic präzise zu steuern und den Datenfluss zu kontrollieren. Eingehender Datenverkehr umfasst Anfragen von außen, die in Ihre Umgebung gelangen, während ausgehender Traffic alle Verbindungen betrifft, die Ihre Umgebung nach außen aufbaut. Für optimale Sicherheit ist es ratsam, den eingehenden Traffic restriktiv zu handhaben und nur Verbindungen zuzulassen, die für den Betrieb notwendig sind. So wird sichergestellt, dass nur authentifizierte und erwünschte Anfragen durchkommen.

Die Kontrolle des ausgehenden Traffics ist ebenfalls wichtig, da Sie damit steuern können, welche VMs oder Container Zugriff auf externe Dienste haben. Wenn Sie bestimmte Instanzen nur für interne Prozesse nutzen, sollten diese standardmäßig keinen Zugang zum Internet haben, um potenzielle Sicherheitsrisiken zu minimieren. In der Proxmox-Firewall können Sie für jeden Node, jede VM oder jeden CT festlegen, ob ein- und ausgehender Traffic erlaubt oder blockiert wird, und bei Bedarf spezifische Ports freigeben.

Ein gängiges Szenario ist beispielsweise die Einrichtung eines Webservers. Hierbei wird nur der eingehende HTTP- und HTTPS-Traffic zugelassen, während alle anderen Verbindungen blockiert bleiben. Ein weiteres Beispiel ist ein Datenbankserver, bei dem nur bestimmte Applikationsserver auf die Datenbank zugreifen dürfen. Mit der Proxmox-Firewall können Sie die Regeln so konfigurieren, dass nur autorisierte IP-Adressen Zugang zu den erforderlichen Ports erhalten.

Ein weiteres häufiges Szenario betrifft das Netzwerk-Monitoring. Hier müssen spezifische Zugriffe für Monitoring-Tools ermöglicht werden, damit diese den Status der Nodes, VMs und CTs überwachen können. Durch die regelbasierte Filterung lassen sich solche Zugriffe gezielt erlauben, ohne den übrigen Traffic zu beeinträchtigen.

Ein wichtiger Punkt bei der Einrichtung der Firewall ist die Performance-Optimierung. Jede Regel und Filterung, die Sie hinzufügen, erhöht den Verwaltungsaufwand für die Firewall und kann zu Verzögerungen führen, wenn nicht sorgfältig konfiguriert. Es ist daher ratsam, möglichst effiziente Regeln zu erstellen und unnötige Filterungen zu vermeiden. Durch das Festlegen präziser Filter für nur die notwendigen

Ports und Dienste bleibt die Firewall-Performance hoch und der Netzwerkverkehr flüssig.

Durch eine klare und durchdachte regelbasierte Filterung können Sie Ihre Proxmox-Umgebung nicht nur sicher gestalten, sondern auch flexibel steuern und anpassen. Mit den richtigen Regeln behalten Sie die volle Kontrolle über den Datenverkehr und minimieren gleichzeitig potenzielle Angriffsflächen.

## 6.1 Container (CT) mit Firewall schützen

Wie man einen Container anlegt, werden Sie sicher wissen. Falls nicht, verweise ich auf meine anderen Bücher, die diesen Prozess im Detail erklären. Nun kommt mein Admin Bob ins Spiel. Er ist bereit, seine WordPress-Instanz abzusichern und nur den notwendigen Traffic zuzulassen, damit die Seite sicher läuft.

Admin Bob hat seinen Container mit WordPress erstellt und professionell seine Domain www.bobs-krasse-wordpress-seite.de mit dem CT verknüpft. Bei Ionos hat er alle nötigen DNS-Einträge vorgenommen, um sicherzustellen, dass die Domain korrekt auf seinen Proxmox-Server verweist. Sein Ziel ist nun, den Container so abzusichern, dass ausschließlich HTTP und HTTPS-Anfragen zugelassen werden – alles andere soll blockiert bleiben, um potenzielle Angriffe zu minimieren und den Zugriff auf seinen Webserver kontrolliert zu steuern. Das bedeutet, dass er nur die Ports 80 (HTTP) und 443 (HTTPS) freigeben wird.

Alles andere wird schon von der Datacenter-Firewall geblockt. Weil die Input Policy auf DROP steht.

### 6.1.1 Konfigurationsschritte

1. Einloggen und zur Container-Firewall navigieren

Bob loggt sich in die Proxmox-Weboberfläche ein und navigiert zum Firewall-Bereich seines WordPress-Containers. Dort aktiviert er zunächst die Container-Firewall, was eine grundsätzliche Sperrung aller eingehenden Verbindungen bedeutet, bis spezifische Regeln gesetzt werden.

2. Erstellen der Regel für HTTP-Anfragen (Port 80)

Um HTTP-Zugriffe zu erlauben, fügt er eine neue Regel hinzu. Er geht auf »Add« und setzt die folgenden Parameter:

- Direction: IN
- Action: ACCEPT
- Destination Port: 80

- Protocol: tcp

Diese Regel sorgt dafür, dass HTTP-Anfragen an den Container durchgelassen werden.

3. Erstellen der Regel für HTTPS-Anfragen (Port 443)

Da Bob auch HTTPS-Verbindungen zulassen möchte, fügt er eine zweite Regel hinzu. Hier setzt er die Parameter auf:

- Direction: IN
- Action: ACCEPT
- Destination Port: 443
- Protocol: tcp

Diese Regel erlaubt HTTPS-Anfragen, wodurch die Webseite auch sicher über SSL erreichbar ist.

4. Default-Policy sicherstellen

Zum Abschluss überprüft Bob die Default-Policy unter CT → Firewall → Options seines Containers und stellt sicher, dass sie auf »DROP« für eingehenden Traffic eingestellt ist. Das bedeutet, dass alle anderen Anfragen, die nicht auf den Ports 80 oder 443 eingehen, automatisch blockiert werden. So werden

Anfragen auf unsicheren oder unerwünschten Ports wie etwa 22 (SSH) abgelehnt, was die Angriffsfläche reduziert.

5. Test der Konfiguration

Nach dem Setzen der Regeln testet Bob die Erreichbarkeit seiner Seite über HTTP und HTTPS. Er greift von einem externen Netzwerk auf die Domain zu und überprüft, ob die Seite korrekt lädt und ob andere Verbindungen (z. B. über einen nicht freigegebenen Port) erwartungsgemäß abgelehnt werden. Mit diesem Schritt stellt er sicher, dass nur die gewünschten Zugriffe möglich sind.

Durch diese gezielte Filterung hat Bob seinen Container so abgesichert, dass nur die Ports für den Webserver geöffnet sind. Das senkt das Risiko für Angriffe auf den Server und gibt ihm volle Kontrolle über den eingehenden Traffic.

## 6.2 Win Server (VM) mit Firewall schützen

Admin Bob hat jetzt eine VM mit einem Windows Server eingerichtet, die aktuell noch alle Ports offen hat, da die Firewall nicht aktiviert ist. Der Server reagiert auf Remotedesktop (RDP) über Port 3389, was den Zugriff ermöglicht – allerdings ist dadurch auch sämtlicher anderer Datenverkehr nicht gefiltert, was eine potenzielle Sicherheitslücke darstellt.

Bob möchte gezielt nur den Port 3389 für RDP freigeben und alle anderen Verbindungen blockieren. Folgende Schritte sind notwendig, um die VM abzusichern:

### 6.2.1 Konfigurationsschritte

1. Proxmox-Firewall für die VM aktivieren

Bob öffnet die Proxmox-Weboberfläche und navigiert zur Firewall-Konfiguration der Windows-VM (Datacenter → Node → Win VM → Firewall). Er aktiviert die Firewall und stellt sicher, dass die Default-Policy auf »DROP« für eingehenden Datenverkehr gesetzt ist (Firewall → Options). Dadurch werden alle Verbindungen, die nicht ausdrücklich erlaubt sind, blockiert.

2. RDP-Zugriff auf Port 3389 zulassen

Um diese Regel hinzuzufügen, klickt Bob auf „Add" und setzt die folgenden Parameter:

- Direction: IN
- Action: ACCEPT
- Destination Port: 3389

- Protocol: tcp

Diese Regel ermöglicht ausschließlich RDP-Anfragen an die VM, sodass Bob weiterhin über Remote Desktop auf den Server zugreifen kann. Nun stellt er sicher, dass die Default-Policy auf »DROP« gesetzt ist, wodurch sämtliche nicht ausdrücklich erlaubten Zugriffe blockiert bleiben. Dadurch wird die gesamte VM geschützt, und nur RDP ist für den Zugang geöffnet.

Abschließend testet Bob die Verbindung, indem er die aktuelle RDP-Sitzung trennt und erneut verbindet. Sollte die RDP-Verbindung funktionieren und alle anderen Ports blockiert sein, weiß er, dass seine Konfiguration erfolgreich ist.

Admin Bob möchte sicherstellen, dass die Firewall-Einstellungen korrekt funktionieren. Nachdem er die Regel für RDP (Port 3389) eingerichtet und auf »Enabled« gesetzt hat, testet er die Verbindung erfolgreich. Nun deaktiviert er die Regel, indem er den Haken bei »Enabled« entfernt. Er wartet etwa 20 Sekunden, um sicherzugehen, dass die Firewall die Änderung übernommen hat, und versucht erneut, sich per RDP zu verbinden. Wie erwartet, funktioniert die Verbindung nicht mehr. Die Firewall blockiert den Zugriff, was bestätigt, dass die Konfiguration wie gewünscht greift.

Nun hat sich Admin Bob in einem 20-minütigen You-tube-Kursus Visual Studio, ASP.NET und .NET bei-gebogen, erfolgreich den IIS (Internet Information Services) auf seinem Windows Server installiert und eine neue Website in APS.NET programmiert, die er nun statt der WordPress-Seite verwenden will. Damit die Website erreichbar ist, muss Bob die Firewall ent-sprechend anpassen, um HTTP und HTTPS für den IIS-Server freizugeben.

### 6.2.2 Konfigurationsschritte Regeln erweitern

1. HTTP (Port 80) zulassen:

Bob öffnet die Firewall-Einstellungen seiner Win-dows-VM in der Proxmox-Weboberfläche und fügt eine neue Regel hinzu. Die Parameter setzt er fol-gendermaßen:

- Direction: IN
- Action: ACCEPT
- Destination Port: 80
- Protocol: tcp

2. HTTPS (Port 443) zulassen:

Um die Seite auch sicher über HTTPS zugänglich zu machen, erstellt Bob eine weitere Regel. Die Parameter sind:

- Direction: IN
- Action: ACCEPT
- Destination Port: 443
- Protocol: tcp

3. Default-Policy prüfen:

Bob stellt sicher, dass die Default-Policy für eingehenden Traffic weiterhin auf »DROP« steht, sodass nur die von ihm explizit zugelassenen Ports 3389 RDP, 80 HTTP und 443 HTTPS geöffnet sind. Dadurch ist sichergestellt, dass alle anderen Verbindungen blockiert bleiben.

4. Test der Konfiguration:

Bob testet die Erreichbarkeit der neuen ASP.NET-Website, indem er die Domain im Browser aufruft. Die Website lädt wie erwartet über HTTP und HTTPS, während nicht freigegebene Ports blockiert bleiben.

## 6.3 Eigene Notizen

## 7. Alle Firewalls und deren Menüeinträge

Ich gehe nun mit Ihnen die einzelnen Menüeinträge
der verschiedenen Firewall-Ebenen durch. Jede Ebene
– Datacenter, Node und VM/CT – hat leicht unterschiedliche Optionen und Einstellungen, die den
spezifischen Anforderungen der jeweiligen Firewall
angepasst sind. Gemeinsam sehen wir uns die einzelnen Funktionen an, von grundlegenden Regeln über
das Setzen von Richtlinien bis hin zu erweiterten
Optionen wie Protokollierung und Portweiterleitung.
Diese Unterscheidungen sind wichtig, um die richtige
Ebene für die jeweilige Konfiguration zu wählen und
ein solides Sicherheitskonzept umzusetzen.

### 7.1 Datacenter Firewall

Der Menüpunkt »Firewall« ist der zentrale Bereich zur
Verwaltung und Konfiguration der Sicherheitsrichtlinien auf der Datacenter-Ebene. Hier können grundlegende Regeln erstellt und angepasst werden, die für
alle Nodes, VMs und Container innerhalb des Clusters
gelten. Aktivieren oder deaktivieren Sie die Firewall
für das gesamte Datacenter, um eine Basissicherheits-
ebene festzulegen.

Wenn der Menüpunkt aufgeklappt ist, sehen Sie Options, Security Group, Aliases und IPSet.

### 7.1.1 Options

Im Menüpunkt »Options« finden Sie die grundsätzlichen Einstellungen für die Datacenter-Firewall. Hier aktivieren oder deaktivieren Sie die Firewall und legen wichtige globale Sicherheitsparameter fest, die auf alle untergeordneten Instanzen im Cluster angewendet werden. Innerhalb der Options sehen sie die Einträge Firewall, ebtables, Log rate limit, Input Policy und Output Policy.

### 7.1.1.1 Firewall

Hier kann die Firewall für das gesamte Datacenter entweder ein- oder ausgeschaltet werden. Die Einstellung »Yes« zeigt an, dass die Firewall aktiv ist und alle übergeordneten Sicherheitsregeln greift. Sobald die Firewall eingeschaltet ist, wirken die definierten Datacenter-Richtlinien auf alle Nodes, VMs und Container im Cluster.

### 7.1.1.2 ebtables

»Ebtables Yes« bedeutet, dass die ebtables-Funktion für den Layer-2-Netzwerkverkehr aktiv ist. Dadurch können Filterungen auf der Ethernet-Ebene vorgenommen werden, wie etwa die Kontrolle von MAC-Adressen. Das ist nützlich, um den Netzwerkverkehr innerhalb des Clusters zusätzlich abzusichern.

### 7.1.1.3 Log rate limit

Log rate limit Default (enable=1, rate=1/second, burst=5). Diese Einstellung beschränkt die Anzahl der Logeinträge, die pro Sekunde erstellt werden, um eine Überlastung des Logsystems zu vermeiden. Mit »rate=1/second« und »burst=5« werden maximal fünf Logs hintereinander mit einer Frequenz von einem Log pro Sekunde geschrieben. Dies hilft, die Logs übersichtlich und die Systemleistung stabil zu halten.

### 7.1.1.4 Input Policy Drop

»Input Policy Drop« legt fest, dass der Standard für eingehenden Datenverkehr das Blockieren ist. Das bedeutet, dass alle Verbindungen blockiert werden, sofern sie nicht durch spezifische Regeln zugelassen sind. Diese Einstellung schützt das Datacenter vor unautorisierten Zugriffsversuchen und ist eine wichtige Basissicherheitsmaßnahme.

### 7.1.1.5 Output Policy Accept

Die »Output Policy Accept« erlaubt standardmäßig alle ausgehenden Verbindungen. Diese Einstellung sorgt dafür, dass die im Cluster laufenden Anwendungen und Dienste uneingeschränkten Zugang zu externen Ressourcen haben, sofern keine spezifischen Regeln dagegen eingerichtet sind.

## 7.1.2 Security Group

Im Eintrag »Security Group« können Sie vordefinierte Regelgruppen erstellen, die Sie später mehreren Nodes, VMs oder Containern zuweisen können. Zum Beispiel könnten Sie eine Security Group namens »Webserver-Access« anlegen, die HTTP- und HTTPS-Verbindungen zulässt, und eine weitere namens »Admin-Access« für SSH und RDP. Diese Gruppen können dann auf verschiedene Instanzen angewendet werden, sodass Sie Sicherheitsregeln zentral verwalten und einfach auf neue Instanzen übertragen können.

Sie können eine Security Group in einer VM aktivieren, indem Sie in der Proxmox-Weboberfläche die gewünschte VM auswählen und zum Menüpunkt VM → Firewall gehen. Dort finden Sie den Button »Insert: Security Group«. Klicken Sie darauf und wählen Sie die passende Security Group aus der Liste, etwa »Webserver-Access« oder »Admin-Access«. Die ausgewählte Gruppe wird dann direkt der Firewall-Konfiguration der VM hinzugefügt, und alle enthaltenen Regeln werden automatisch angewendet. So müssen Sie nicht jede Regel einzeln einrichten. Achten Sie darauf, dass die Security Group vor der Verwendung angelegt werden muss.

### 7.1.3 Aliases

Im Menüpunkt Datacenter → Firewall → Aliases können Sie benutzerdefinierte Namen für IP-Adressen, Netzwerke oder IP-Bereiche erstellen. Diese Aliases erleichtern die Verwaltung und Lesbarkeit Ihrer Firewall-Regeln erheblich. Anstatt eine einzelne IP-Adresse oder ein Netzwerksegment in jeder Regel einzeln anzugeben, können Sie einen Alias wie »Internes-Netzwerk« erstellen, dem eine bestimmte IP-Bereich zugewiesen ist. Dieser Alias kann dann in den Firewall-Regeln verwendet werden, was die Übersicht verbessert und die Verwaltung gerade in größeren Umgebungen vereinfacht.

Für den CT mit WordPress könnte Admin Bob zum Beispiel einen Alias erstellen, um die Firewall-Regeln einfacher und übersichtlicher zu gestalten. Er könnte unter Datacenter → Firewall → Aliases einen Eintrag namens »WordPress-CT« anlegen und die IP-Adresse des Containers, beispielsweise 192.168.1.10, zuweisen. Anschließend würde Bob diesen Alias in seinen Firewall-Regeln verwenden, um den Zugriff auf die benötigten Ports 80 (HTTP) und 443 (HTTPS) zu erlauben, ohne die IP-Adresse jedes Mal manuell eintragen zu müssen.

### 7.1.4 IPSet

Mit IPSet in der Datacenter-Firewall lassen sich IP-Adresslisten erstellen, die dann in Firewall-Regeln verwendet werden. Das ist praktisch, wenn mehrere IPs oder Netzwerke zusammengefasst blockiert oder erlaubt werden sollen. Beispielsweise kann eine IPSet-Liste für »Vertrauenswürdige IPs« erstellt werden, um eine Gruppe von Adressen zentral zu verwalten und gezielt für bestimmte Zugriffe zu erlauben oder zu sperren. Das erleichtert die Verwaltung, vor allem bei häufigen Änderungen oder vielen IPs, und sorgt für eine übersichtliche und zentrale Konfiguration.

### 7.2 Node Firewall

Direkt unter dem Eintrag Node → Firewall können Sie die Regeln für Ports, Protokolle, Makros und weitere Einstellungen vornehmen. Hier haben Sie die Möglichkeit, spezifische Regeln für den Datenverkehr zu definieren und anzupassen. Ich werde später noch detaillierter auf die einzelnen Einträge und deren Bedeutung eingehen, damit Sie die Funktionen besser verstehen und gezielt nutzen können.

### 7.2.1 Options

In den Node Firewall Options können grundlegende Firewall-Einstellungen spezifisch für den einzelnen

Node vorgenommen werden. Hier lässt sich die Firewall für den Node ein- oder ausschalten, um Sicherheitsregeln direkt auf diesen Host anzuwenden. Ebenso werden Default Policies für eingehenden und ausgehenden Datenverkehr definiert, die festlegen, ob Traffic standardmäßig erlaubt oder blockiert ist, sofern keine spezifischen Regeln vorliegen. Diese Einstellungen wirken sich nur auf den betreffenden Node aus und bieten eine flexible Steuerung der Sicherheitsrichtlinien auf Host-Ebene.

### 7.2.1.1 Firewall

Die Eintrag ermöglicht das Ein- oder Ausschalten der Firewall auf dem jeweiligen Node. Wenn die Firewall hier aktiviert ist, werden alle festgelegten Sicherheitsregeln direkt auf diesen Node angewendet und bieten so eine individuelle Schutzebene für den Host. Dies ist besonders nützlich, um spezifische Zugriffsregeln für den Node festzulegen, unabhängig von den Datacenter- oder VM-/CT-Firewall-Einstellungen.

### 7.2.1.2 SMURFS filter

Der SMURFS filter schützt den Node vor sogenannten Smurf-Angriffen, bei denen große Mengen gefälschter ICMP-Pakete (Ping) verwendet werden, um Netzwerke zu überlasten. Wenn dieser Eintrag aktiviert ist, blockiert die Firewall verdächtige ICMP-Pakete, die typischerweise bei solchen Angriffen verwendet werden. So wird der Node vor Überlastungen und potenziellen Ausfällen geschützt, die durch einen Smurf-Angriff verursacht werden könnten.

### 7.2.1.3 TCP flags filter

Der TCP flags filter erkennt ungewöhnliche Kombinationen von TCP-Flags, die auf bestimmte Arten von Angriffen hinweisen können, wie beispielsweise Port-Scanning oder andere schädliche Aktivitäten. Dieser Eintrag filtert verdächtige Pakete basierend auf den gesetzten Flags, was hilft, unautorisierte Zugriffsversuche frühzeitig zu blockieren. Durch Aktivierung dieses Filters wird der Node vor potenziellen Angriffen geschützt, die auf Schwachstellen in der TCP-Kommunikation abzielen.

### 7.2.1.4 NDP

Der NDP (Neighbor Discovery Protocol) Filter schützt den Node vor böswilligem Missbrauch des NDP-Protokolls, das für die Adresszuordnung in IPv6-Netzwerken zuständig ist. Aktivieren Sie diesen Eintrag, um unerwünschte NDP-Anfragen und potenzielle Angriffe auf IPv6-Basis zu blockieren. So wird der Node vor Angriffen geschützt, die versuchen könnten, Schwachstellen im Nachbarschaftsprotokoll auszunutzen, was insbesondere in IPv6-Umgebungen wichtig ist.

### 7.2.1.5 nf_conntrack_max

Mit dem Eintrag nf_conntrack_max kann die maximale Anzahl an Netzwerkverbindungen festgelegt werden, die der Node gleichzeitig verfolgen kann. Diese Einstellung ist Teil des Connection-Tracking-Moduls der Firewall und ist besonders wichtig bei hohem Netzwerkverkehr. Durch Anpassen dieses Wertes kann der Node besser auf Lastspitzen reagieren und die Stabilität des Netzwerks verbessern, indem er ausreichend Ressourcen für die Verwaltung aktiver Verbindungen bereitstellt.

### 7.2.1.6 nf_conntrack_tcp_timeout_established

Diese Einstellung nf_conntrack_tcp_timeout_established kann helfen, die Zeitspanne festzulegen, wie lange eine TCP-Verbindung im »Established«-Status bleibt, bevor sie als inaktiv betrachtet und geschlossen wird. Dies ist nützlich, um ungenutzte Verbindungen effizient zu bereinigen und Ressourcen für aktive Verbindungen freizuhalten. Durch das Anpassen dieser Timeout-Einstellung kann die Netzwerkleistung optimiert und die Stabilität des Nodes bei intensiver Nutzung verbessert werden.

### 7.2.1.7 log_level_in

Das log_level_in sorgt dafür, dass eingehende Verbindungsanfragen entsprechend ihres Schweregrads protokolliert werden. Diese Einstellung erlaubt die Festlegung der Detailtiefe für die Logs eingehender Verbindungen und kann so konfiguriert werden, dass nur relevante Informationen erfasst werden. Durch Anpassung des Log-Levels können Sie sicherstellen, dass nur sicherheitsrelevante Ereignisse protokolliert werden, was hilft, die Übersicht zu wahren und Speicherressourcen effizient zu nutzen.

### 7.2.1.8 log_level_out

Das log_level_out sorgt dafür, dass ausgehende Verbindungsanfragen je nach festgelegtem Schweregrad protokolliert werden. Diese Einstellung ermöglicht die Anpassung des Detailgrads der Logs für ausgehenden Datenverkehr. Durch die richtige Konfiguration des Log-Levels können Sie sicherheitsrelevante Ereignisse festhalten, ohne das Log unnötig zu überfüllen, was hilft, Speicher zu schonen und relevante Informationen im Auge zu behalten.

### 7.2.1.9 tcp_flags_log_level

Mit dem tcp_flags_log_level werden Informationen über Pakete protokolliert, die bestimmte TCP-Flags setzen. Diese Einstellung hilft, ungewöhnliche oder verdächtige TCP-Aktivitäten zu überwachen, wie z. B. Verbindungen mit ungewöhnlichen oder manipulierten TCP-Flags, die oft bei Scans oder Angriffen auftreten. Durch Anpassen des Log-Levels können Sie entscheiden, wie detailliert diese Ereignisse protokolliert werden, um verdächtige Aktivitäten frühzeitig zu erkennen, ohne das Log mit überflüssigen Einträgen zu überlasten.

### 7.2.1.10 smurf_log_level

Das smurf_log_level hilft dabei, den Schweregrad von Protokolleinträgen zu steuern, die bei verdächtigen ICMP-Aktivitäten wie Smurf-Angriffen erstellt werden. Smurf-Angriffe verwenden gefälschte ICMP-Pakete, um das Netzwerk zu überlasten. Durch das Setzen eines geeigneten Log-Levels können Sie festlegen, wie detailliert solche Ereignisse protokolliert werden sollen. So lassen sich ungewöhnliche Aktivitäten frühzeitig erkennen, ohne das Log mit überflüssigen Einträgen zu überladen.

### 7.2.1.11 nftables (tech preview)

Mit dem Eintrag nftables (tech preview) wird eine alternative Firewall-Engine zu iptables aktiviert, die momentan als technische Vorschau in Proxmox verfügbar ist. Nftables bietet eine modernisierte und opti-

mierte Architektur zur Verwaltung von Netzwerk-
sicherheitsregeln und soll iptables irgendwann
ersetzen. Dieser Eintrag ermöglicht es, Regeln und
Filter auf Basis der neuen nftables-Technologie zu
testen, die effizienter arbeitet und mehr Flexibilität
bietet. Da es sich noch um eine technische Vorschau
handelt, sollte die Verwendung auf jeden Fall sorgfältig geprüft und getestet werden.

### 7.2.2 Log

Unter Log können Sie die Firewall-Ereignisse im Live-
Modus einsehen. Diese Ansicht zeigt aktuelle Verbindungsversuche und sicherheitsrelevante Ereignisse
direkt an, sodass Sie Aktivitäten in Echtzeit überwachen können. So behalten Sie den Überblick über
den eingehenden und ausgehenden Datenverkehr und
können mögliche Anomalien oder sicherheitskritische
Ereignisse sofort erkennen und bei Bedarf eingreifen.

Es kann auch nach einem speziellen Datum gefiltert
werden. Wenn zum Beispiel am Wochenende ein
Angriff stattgefunden hat, können Sie die Logs gezielt
auf diesen Zeitraum einschränken und auslesen. So
lässt sich der Datenverkehr genau nachverfolgen und
Aktivitäten in einem bestimmten Zeitraum analysieren, was die Fehlersuche oder das Erkennen von
sicherheitsrelevanten Vorfällen erleichtert.

## 7.3 VM & CT Firewall

Die Firewalls und deren Einstellungen bei VMs und CTs in Proxmox sind identisch, was die Verwaltung erheblich vereinfacht. Da beide auf den gleichen Prinzipien basieren, können Administratoren problemlos zwischen den verschiedenen Instanztypen navigieren. Diese Konsistenz sorgt dafür, dass Sicherheitsrichtlinien einheitlich angewendet werden, unabhängig davon, ob es sich um eine VM oder einen Container handelt. Dadurch wird nicht nur die Effizienz gesteigert, sondern auch die Lernkurve für neue Benutzer verkürzt, was letztendlich die Sicherheit der gesamten Umgebung erhöht.

Wenn der Menüpunkt aufgeklappt ist, sehen Sie Options, Aliases, IPSet und Log. Die einzelnen Menüpunkte der Firewalls für VMs und CTs unterscheiden sich nicht von den Einstellungen der Datacenter- oder Node-Firewalls. Um die Übersichtlichkeit zu gewährleisten, werde ich jedoch alles zu den relevanten Punkten noch einmal zusammenfassen.

### 7.3.1 Options

Die Optionen der Firewall für VMs und CTs in Proxmox sind ähnlich strukturiert wie die der Datacenter- und Node-Firewalls. Hier können Sie die Firewall aktivieren oder deaktivieren, spezifische Regeln für eingehenden und ausgehenden Datenverkehr definieren und die Default-Policies festlegen.

### 7.3.1.1 Firewall

Im Menüpunkt VM CT -> Firewall -> Options können Sie die Firewall für die spezifische VM oder den Container aktivieren oder deaktivieren. Diese Einstellung bestimmt, ob die Firewall-Regeln auf die jeweilige Instanz angewendet werden. Durch die Aktivierung wird eine grundlegende Sicherheitsmaßnahme implementiert, die den eingehenden und ausgehenden Datenverkehr kontrolliert. Damit können Sie sicherstellen, dass nur autorisierte Verbindungen zugelassen werden und die Instanz vor ungewolltem Zugriff geschützt ist.

### 7.3.1.2 DHCP

DHCP steht für Dynamic Host Configuration Protocol. Es handelt sich um ein Netzwerkprotokoll, das es Geräten in einem Netzwerk ermöglicht, automatisch IP-Adressen und andere Konfigurationsinformationen zu beziehen. DHCP vereinfacht die Verwaltung von IP-Adressen, da die Zuweisung und Verwaltung zentralisiert wird. Dadurch können Administratoren die IP-Adressen effizienter verwalten, ohne sie manuell jedem Gerät zuzuweisen. DHCP ist besonders nützlich in Umgebungen mit vielen Geräten, da es eine schnelle und fehlerfreie Netzwerkverbindung ermöglicht.

### 7.3.1.3 NDP

NDP steht für Neighbor Discovery Protocol. Es handelt sich um ein Protokoll in IPv6-Netzwerken, das für die Adresszuordnung und die Erkennung von anderen Geräten im Netzwerk zuständig ist. NDP ermöglicht es Hosts, ihre Link-Layer-Adressen zu ermitteln, und bietet Funktionen wie Router-Discovery und Address Resolution. Das Protokoll spielt eine entscheidende Rolle für die Netzwerkkommunikation in IPv6, da es die Notwendigkeit von ARP (Address Resolution Protocol) in IPv4 ersetzt.

### 7.3.1.4 Router Advertisement

Router Advertisement ist eine Funktion im Neighbor Discovery Protocol (NDP) in IPv6-Netzwerken. Es ermöglicht Routern, Informationen über ihre Präsenz und die Netzwerkparameter an Hosts zu senden. Diese Werbung enthält Informationen wie die Router-IP-Adresse und die Präfixe für die automatische Konfiguration von IP-Adressen. Hosts nutzen diese Informationen, um sich selbst zu konfigurieren und die Netzwerkkommunikation zu ermöglichen, ohne manuell IP-Adressen festlegen zu müssen. Router Advertisement trägt somit zur Effizienz und Automatisierung in IPv6-Netzwerken bei.

### 7.3.1.5 MAC Filter

MAC-Filter sind eine Sicherheitsmaßnahme, die es ermöglicht, Netzwerkgeräte basierend auf ihren MAC-Adressen zu identifizieren und den Zugriff auf das Netzwerk zu kontrollieren. Indem nur bestimmten MAC-Adressen Zugang gewährt wird, können Administratoren unautorisierte Geräte blockieren. Dies erhöht die Sicherheit des Netzwerks, da nur registrierte Geräte eine Verbindung herstellen können. Allerdings ist MAC-Filtering nicht unfehlbar, da MAC-Adressen leicht gefälscht werden können, weshalb es als Teil eines umfassenderen Sicherheits-konzepts eingesetzt werden sollte.

### 7.3.1.6 IP Filter

Bei den IP-Filtern können Sie spezifische IP-Adressen oder IP-Bereiche definieren, um den Zugriff auf die Firewall zu steuern. Durch das Hinzufügen von erlaubten oder blockierten IPs können Sie den Daten-verkehr präzise regulieren. Diese Filterung ist beson-ders nützlich, um nur vertrauenswürdige Quellen den Zugang zu ermöglichen und potenzielle Bedrohungen von unautorisierten IPs fernzuhalten. Die Anpassung der IP-Filter trägt erheblich zur Sicherheitsstrategie Ihrer Netzwerkinfrastruktur bei.

### 7.3.1.7 log_level_in

Das log_level_in sorgt dafür, dass eingehende Verbindungsanfragen entsprechend ihrem Schweregrad protokolliert werden. Diese Einstellung ermöglicht es Ihnen, festzulegen, wie detailliert die Protokolle für den eingehenden Datenverkehr sind. Dadurch können Sie sicherheitsrelevante Ereignisse erfassen, die es Ihnen ermöglichen, verdächtige Aktivitäten frühzeitig zu identifizieren und gezielte Maßnahmen zu ergreifen, während die Logdateien gleichzeitig übersichtlich bleiben.

### 7.3.1.8 log_level_out

Auch beim log_level_out werden die ausgehenden Verbindungsanfragen entsprechend ihres Schweregrads protokolliert. Diese Einstellung ermöglicht es, die Protokollierung für den ausgehenden Datenverkehr anzupassen, sodass relevante sicherheitsrelevante Ereignisse erfasst werden. Durch die richtige Konfiguration des Log-Levels können Sie verdächtige Aktivitäten überwachen und gleichzeitig sicherstellen, dass die Logdateien nicht übermäßig aufgebläht werden. So bleibt die Übersichtlichkeit gewahrt und

Sie können schnell auf potenzielle Sicherheitsprobleme reagieren.

### 7.3.1.9 Input Policy

Die Input Policy sorgt dafür, dass eingehender Datenverkehr entsprechend den festgelegten Regeln behandelt wird. Standardmäßig ist diese Policy auf »Drop« eingestellt, was bedeutet, dass alle Verbindungen blockiert werden, die nicht explizit erlaubt sind. Diese Maßnahme erhöht die Sicherheit, da sie unautorisierte Zugriffsversuche abwehrt und nur genehmigte Verbindungen durchlässt. Durch die Anpassung der Input Policy können Administratoren gezielt festlegen, welche Arten von Datenverkehr akzeptiert werden, um den Node zu schützen.

### 7.3.1.10 Output Policy

Die Output Policy überwacht den ausgehenden Datenverkehr des Nodes und steuert, welche Verbindungen nach außen erlaubt oder blockiert werden. Diese Einstellung sorgt dafür, dass nur autorisierte Datenströme das Netzwerk verlassen können. Während standardmäßig alle Verbindungen erlaubt sind, ermöglicht eine gezielte Anpassung der Output Policy eine effektive Kontrolle über die Kommunikation der VMs und Container mit externen Ressourcen, wodurch potenzielle Sicherheitsrisiken minimiert werden.

### 7.3.2 Aliases

Auch beim Punkt Aliases bleibt die Funktionalität in der Firewall für VMs und CTs gleich. Hier können Sie benutzerdefinierte Namen für IP-Adressen oder -Bereiche erstellen, um die Verwaltung von Firewall-Regeln zu vereinfachen. Anstatt jede IP-Adresse direkt einzugeben, verwenden Sie Aliases, die in den Regeln leichter zu handhaben sind. Diese Flexibilität erleichtert nicht nur die Konfiguration, sondern verbessert auch die Übersichtlichkeit, besonders in Umgebungen mit vielen Instanzen und spezifischen Zugriffsbeschränkungen.

### 7.3.3 IPSet

IPSet haben wir auch schon bei den anderen Firewalls gesehen. In der Firewall für VMs und CTs funktioniert IPSet auf die gleiche Weise. Sie ermöglicht es, Gruppen von IP-Adressen zu erstellen, die in den Firewall-Regeln verwendet werden können. Dies ist besonders nützlich, um eine Vielzahl von IPs zu blockieren oder zuzulassen, ohne jede Adresse einzeln eintragen zu müssen. IPSet verbessert die Übersichtlichkeit und erleichtert die Verwaltung der Firewall-Einstellungen in komplexen Umgebungen.

### 7.3.4 Log

Sie wissen bereits, was Log bedeutet. Bei VMs und CTs verhält es sich genauso. Hier können Sie die Protokollierung aktivieren, um sicherheitsrelevante Ereignisse und den Datenverkehr in Echtzeit zu überwachen. Die Logs bieten Ihnen die Möglichkeit, verdächtige Aktivitäten nachzuvollziehen und potenzielle Sicherheitsvorfälle schnell zu erkennen. Dadurch behalten Sie die Kontrolle über den Netzwerkverkehr und können bei Bedarf gezielt eingreifen.

## 7.4 Eigene Notizen

## Eigene Notizen

# 8. Allgemein zu Firewalls in Proxmox

Sie sehen schon, die Firewalls in Proxmox sind sehr gut durchdacht und können auf jeder Ebene aktiviert und eingestellt werden. Diese Flexibilität erlaubt es, spezifische Sicherheitsrichtlinien für das gesamte Datacenter, einzelne Nodes sowie VMs und CTs fest-zulegen. Das sollte in jedem Fall getan werden, um unautorisierte Zugriffe zu verhindern und die Sicher-heit der Infrastruktur zu gewährleisten. Eine konsis-tente und umfassende Firewall-Konfiguration ist ent-scheidend, um die Integrität und Verfügbarkeit Ihrer Systeme zu schützen.

## 8.1 Macros

Ich möchte Sie darauf hinweisen, dass Sie beim Erstel-len einer Firewall-Regel in Proxmox nicht nur bestimmte Ports manuell festlegen müssen, sondern auch sogenannte Macros verwenden können. Über Firewall → Add Rule → Macro stehen Ihnen eine Viel-zahl vordefinierter Macros wie HTTP, HTTPS, RDP und viele weitere zur Verfügung. Diese Macros sind äußerst praktisch, da sie die entsprechenden Ports und Protokolle automatisch einstellen, sodass Sie keine manuellen Eingaben vornehmen müssen. Das spart Zeit und minimiert Fehler, besonders bei komplexeren Konfigurationen.

Dies funktioniert auf allen Firewall-Ebenen, sei es auf der Ebene des Datacenters, des Nodes oder direkt bei einer spezifischen VM oder einem Container. Im Fenster Add Rule finden Sie das Aufklappfeld Macro, in dem eine Dropdownliste mit vordefinierten Optionen erscheint.

## 8.2 VM und CT Firewall in Hardware aktivieren

Bitte beachten Sie, dass Sie die Firewall auch unter Datacenter → Node → VM, CT → Hardware → Network Device (Edit bzw. Doppelklick) mit einem Häkchen bei »Firewall« einschalten müssen. Sonst greifen die Regeln, die Sie unter VM, CT Firewall setzen, nicht.

## 9. Wichtige Ports für Windows VMs in Proxmox

Ich gebe Ihnen hier mal die wichtigsten Ports eines Windows Servers, die auf jeden Fall nach außen funktionieren sollten. RDP sollte auch nach innen funktionieren, wenn Sie von außen auf den Server zugreifen wollen. In Proxmox kann ein Windows Server auch über die Konsole bedient werden, RDP macht es aber einfacher.

## 9.1 Port 3389 – RDP

Mit diesem Port stellen Sie die Verbindung über das Remote Desktop Protocol her. Dies ermöglicht Ihnen den Fernzugriff auf die Benutzeroberfläche des Servers und erleichtert die Verwaltung.

## 9.2 Port 445 – SMB

Dieser Port wird für das Server Message Block (SMB) Protokoll genutzt, das die Datei- und Druckerfreigabe im Netzwerk ermöglicht.

## 9.3 Port 80 – HTTP

Der Port für ungesicherten Webverkehr. Wenn der Server als Webserver fungiert, müssen Sie diesen Port für den Zugriff auf Webseiten öffnen.

## 9.4 Port 443 – HTTPS

Für sichere Webverbindungen, also verschlüsselte Datenübertragungen. Dieser Port ist wichtig, wenn Ihre Webanwendungen SSL verwenden.

## 9.5 Port 135 – RPC

Benötigt für Remote Procedure Call (RPC), das die Kommunikation zwischen Anwendungen auf verschiedenen Servern ermöglicht.

## 9.6 Port 53 – DNS

Verwendet für die Namensauflösung im Netzwerk. Ein offener Port für DNS-Anfragen ist wichtig, damit Ihr

Server ordnungsgemäß im Netzwerk kommunizieren kann.

## 9.7 Port 123 – NTP

Für das Network Time Protocol (NTP), um die Systemzeit des Servers zu synchronisieren. Eine korrekte Zeit ist entscheidend für die Funktionsfähigkeit vieler Dienste.

## 9.8 Port 5985 – WinRM

Verwendet für Windows Remote Management (WinRM), um Windows-Server über das Netzwerk zu verwalten. Dies ist besonders nützlich für automatisierte Aufgaben und Skripting.

Für Windows Updates wird in der Regel der Port 80 (HTTP) und Port 443 (HTTPS) benötigt. Diese Ports sind für die Verbindung zu den Microsoft-Update-Servern erforderlich, um Updates herunterzuladen und zu installieren. Es kann auch erforderlich sein, Port 8530 (für WSUS) zu öffnen, wenn Windows Server Update Services (WSUS) verwendet wird.

Stellen Sie sicher, dass diese Ports in der Proxmox-Firewall entsprechend geöffnet sind, um die Funktionalität Ihres Windows Servers zu gewährleisten. Das kommt natürlich nur infrage, wenn Sie die Output

Policy auf »Drop« stellen. In diesem Fall müssen Sie die oben genannten Ports explizit öffnen und zulassen, damit der Server vernünftig arbeitet und Updates erhält. Andernfalls kann der Server keine Verbindung zu den Microsoft-Update-Servern herstellen, was dazu führt, dass er keine Updates herunterladen oder installieren kann.

Achten Sie darauf, wenn Sie Ports ändern, also die Standardnummer durch andere Nummern ersetzen, müssen diese geänderten Ports anstelle der Standards in der Firewall geöffnet werden. Führen Sie eine entsprechende Dokumentation, um die geänderten Ports zu erfassen. Dadurch stellen Sie sicher, dass die Firewall korrekt konfiguriert ist und der Server weiterhin ordnungsgemäß funktioniert, ohne ungewollte Verbindungsprobleme zu verursachen.

### 9.9 Eigene Notizen

## Eigene Notizen

## 10. Wichtige Ports für Linux VMs, CTs in Proxmox

Die wichtigsten Ports für Linux-VMs und -CTs sind ähnlich wie bei Windows-Servern, wobei spezifische Ports je nach verwendeten Diensten zu berücksichtigen sind.

### 10.1 Port 22 – SSH

Dieser Port wird für Secure Shell (SSH) verwendet, um sicher auf den Linux-Server zuzugreifen. SSH ermöglicht die Fernsteuerung und Verwaltung des Servers über eine verschlüsselte Verbindung.

### 10.2 Port 80 – HTTP

Der Port für ungesicherten Webverkehr. Wenn der Linux-Server als Webserver fungiert, ist dieser Port erforderlich, um HTTP-Anfragen zu verarbeiten.

### 10.3 Port 443 – HTTPS

Dieser Port wird für sichere Webverbindungen genutzt. HTTPS ermöglicht die verschlüsselte Übertragung von Daten zwischen dem Server und den Clients.

### 10.4 Port 53 – DNS

Für das Domain Name System (DNS), das für die Namensauflösung im Netzwerk zuständig ist. Ein offener Port für DNS-Anfragen ist wichtig für die Kommunikation des Servers.

### 10.5 Port 3306 – MySQL

Der Standardport für MySQL-Datenbankverbindungen. Dieser Port muss geöffnet sein, um Datenbankanfragen von Anwendungen oder externen Clients zu ermöglichen.

### 10.6 Port 8080 – Proxmox GUI

Der Port für die Proxmox-Weboberfläche, die es ermöglicht, den Cluster zu verwalten.

### 10.7 Port 5000 – Cockpit

Für die Cockpit-Weboberfläche, die eine einfache Serververwaltung ermöglicht.

### 10.8 Port 9000 – Webmin

Für die Webmin-Verwaltungsschnittstelle, die eine browserbasierte Verwaltung von Servern bietet.

### 10.9 Port 2082 - cPanel

Für den Zugriff auf die cPanel-Oberfläche, die häufig für die Verwaltung von Webhosting-Diensten verwendet wird.

## 10.10 Port 27017 – MongoDB

Der Standardport für MongoDB-Datenbanken.

## 10.11 Port 5900 – VNC

Für den Zugriff auf Desktop-Umgebungen über das VNC-Protokoll.

## 10.12 Port 12345 – NetBus

Ein Remote-Administrationstool (Trojaner), dessen Port jedoch als unsicher gilt.

Wenn Sie die Output Policy auf »Drop« setzen, denken Sie daran, diese Ports in der Firewall zu öffnen, um sicherzustellen, dass der Server korrekt funktioniert und die benötigten Dienste verfügbar sind. Dokumentieren Sie alle Änderungen an den Ports, um die Übersicht zu bewahren.

## 10.13 Eigene Notizen

## Eigene Notizen

## 11. 100 Standardports

Port - 21 FTP

Port - 22 SSH

Port - 23 Telnet

Port - 25 SMTP

Port - 53 DNS

Port - 67 DHCP (Server)

Port - 68 DHCP (Client)

Port - 80 HTTP

Port - 110 POP3

Port - 143 IMAP

Port - 443 HTTPS

Port - 3306 MySQL

Port - 5432 PostgreSQL

Port - 6379 Redis

Port - 8080 HTTP (Alternative)

Port - 1521 Oracle-Database

Port - 5000 Flask

Port - 5001 Flask (Debug)

Port - 27017 MongoDB

Port - 8081 HTTP (Alternate)

Port - 49152 UPnP

Port - 8088 HTTP (Alternate)

Port - 9000 Minio

Port - 50000 SAP

Port - 50070 HDFS Namenode

Port - 6000 XII

Port - 6881-6889 BitTorrent

Port - 3307 MySQL (Alternate)

Port - 6378 Redis (Cluster)

Port - 9200 Elasticsearch

Port - 9300 Elasticsearch (Transport)

Port - 10000 Webmin

Port - 8888 Jupyter Notebook

Port - 4444 PostgreSQL (Alternate)

Port - 5002 Flask (Production)

Port - 8082 HTTP (Alternate)

Port - 6006 TensorBoard

Port - 4000 Node.js

Port - 5060 SIP

Port - 7070 RTSP

Port - 3000 Express.js

Port - 8500 Consul

Port - 4647 Haproxy

Port - 11211 Memcached

Port - 9001 WebSocket

Port - 5601 Kibana

Port - 8889 Docker Registry

Port - 8880 HTTP (Alternate)

Port - 3308 MySQL (Testing)

Port - 5010 Telegram Bot API

Port - 9042 Cassandra

Port - 8761 Eureka

Port - 8085 Grafana

Port - 8089 SaltStack

Port - 5606 Kibana (Alternate)

Port - 6443 Kubernetes API

Port - 9876 gRPC

Port - 10001 Game Server

Port - 11300 OpenStack

Port - 4242 CUPS

Port - 4443 HTTPS (Alternate)

Port - 5672 RabbitMQ

Port - 6667 IRC

Port - 3306 MySQL

Port - 5433 PostgreSQL (Alternate)

Port - 8089 Grafana

Port - 5004 RTP

Port - 5900 VNC

Port - 12345 NetBus

Port - 5005 Elasticsearch (Cluster)

Port - 8002 HTTP (Alternate)

Port - 8882 HTTP (Alternate)

Port - 8883 HTTP (Alternate)

Port - 8884 HTTP (Alternate)

Port - 8885 HTTP (Alternate)

Port - 8886 HTTP (Alternate)

Port - 8887 HTTP (Alternate)

Port - 9999 Abyss-Web-Server

Port - 9002 Webmin

Port - 6379 Redis (Cluster)
Port - 28017 MongoDB-Web-Interface
Port - 27018 MongoDB-Web-Interface

Bitte überprüfen Sie diese Ports in den jeweiligen Anwendungen, um sicherzustellen, dass sie Ihren spezifischen Anforderungen entsprechen.

Prüfen Sie auch, ob die Ports in Ihrer Anwendung eventuell vom Hersteller geändert wurden. In der Regel bleiben diese konstant, und die meisten Hersteller halten sich an eine stabile Portzuordnung. Doch wie immer gilt: verlassen Sie sich nicht blind darauf. Eine regelmäßige Kontrolle der Ports ist sinnvoll, denn die beste IT-Sicherheit basiert nicht auf Annahmen, sondern auf Fakten. Es ist besser, auf Nummer sicherzugehen, anstatt am Ende wegen einer unbemerkten Änderung überrascht zu werden.

## 11.1 Eigene Notizen

## Eigene Notizen

## 12. Security Best Practices

Security Best Practices für die Proxmox-Firewalls sind entscheidend, um die virtuelle Infrastruktur vor Bedrohungen zu schützen. Die Sicherheit beginnt mit der richtigen Konfiguration der Firewalls auf verschiedenen Ebenen: Datacenter, Node und VM/CT. Jede Ebene hat ihre eigenen spezifischen Anforderungen und Möglichkeiten, um den Datenverkehr zu kontrollieren und unbefugten Zugriff zu verhindern.

Wir sind hier zwar in einem speziellen Buch über die Proxmox-Firewall, aber die Best Practices gehören hier mit rein, ganz allgemein und im Bezug auf die Firewall.

Ein zentraler Aspekt der Sicherheit in jeder IT-Infrastruktur, insbesondere in einer virtuellen Umgebung wie Proxmox, ist die sorgfältige Konfiguration der Firewall. Beginnen Sie mit der Aktivierung der Firewall auf allen Ebenen – Datacenter, Node und VM/CT. Diese Aktivierung ist der erste Schritt zum Schutz Ihrer Umgebung vor unbefugtem Zugriff und Bedrohungen.

Eine weitere wichtige Best Practice ist die Anwendung des Prinzips der minimalen Berechtigung. Gewähren

Sie nur den Benutzern und Anwendungen, die zwingend erforderlich sind, Zugriff auf das Netzwerk. Dies bedeutet, dass Sie nicht nur unnötige Ports schließen, sondern auch spezifische Firewall-Regeln erstellen, die nur den erforderlichen Datenverkehr zulassen. Achten Sie darauf, dass die Default-Policies auf »Drop« gesetzt sind, um alle nicht autorisierten Verbindungen zu blockieren.

VLANs und Netzwerksegmentierung sind ebenfalls entscheidend für eine robuste Sicherheitsarchitektur. Durch die Segmentierung Ihres Netzwerks können Sie den Datenverkehr effizient steuern und das Risiko eines lateralbewegenden Angriffs verringern. Dies kann auch dazu beitragen, die Auswirkungen eines potenziellen Sicherheitsvorfalls zu minimieren.

Regelmäßige Überprüfungen und Aktualisierungen der Firewall-Regeln sind unerlässlich. Dokumentieren Sie alle Änderungen an den Standardports und -regeln, um den Überblick zu behalten. Dies hilft nicht nur bei der Verwaltung, sondern sorgt auch dafür, dass alle Teammitglieder über die aktuellen Sicherheitspraktiken informiert sind.

Darüber hinaus sollten Sie die Protokollierungsfunktionen der Proxmox-Firewall aktivieren. Eine gründliche Überwachung von Firewall-Ereignissen kann Ihnen helfen, verdächtige Aktivitäten frühzeitig zu erkennen und darauf zu reagieren. Die Logs sind eine wertvolle Informationsquelle, um potenzielle Sicherheitsvorfälle zu analysieren.

Schließlich ist die Schulung Ihrer Mitarbeiter von entscheidender Bedeutung. Ein gut informierter Benutzer kann als erste Verteidigungslinie gegen Cyberangriffe fungieren. Sensibilisieren Sie Ihr Team für die besten Sicherheitspraktiken und aktuelle Bedrohungen, um das Sicherheitsbewusstsein im gesamten Unternehmen zu fördern.

Indem Sie diese Best Practices in Ihrer Proxmox-Firewall implementieren, schaffen Sie eine solide Sicherheitsbasis, die es Ihnen ermöglicht, auf Bedrohungen proaktiv zu reagieren und Ihre IT-Infrastruktur effektiv zu schützen.

## 12.1 Proxmox-Installationen absichern

Die Sicherheit von Proxmox-Installationen beginnt mit der grundlegenden Konfiguration. Es ist entscheidend, die Standard-Passwörter sofort zu ändern und sicherzustellen, dass nur notwendige Benutzer Zugriff haben. Nutzen Sie starke Passwörter und aktivieren Sie, wo möglich, die Zwei-Faktor-Authentifizierung.

Halten Sie die Proxmox-Umgebung sowie alle verwendeten VMs und Container stets auf dem neuesten Stand, um bekannte Sicherheitslücken zu schließen. Regelmäßige Updates sind unerlässlich.

Darüber hinaus sollten Sie die Firewall-Regeln konsequent anwenden, um nur die erforderlichen Ports zu öffnen. Jeder offene Port stellt ein potenzielles Einfallstor für Angreifer dar. Eine klare Dokumentation der eingesetzten Dienste und deren Ports kann ebenfalls helfen, den Überblick zu behalten und Sicherheitsüberprüfungen durchzuführen. Denken Sie daran, dass die Proxmox-Weboberfläche über HTTPS zugänglich sein sollte, um die Kommunikation zu verschlüsseln und zu schützen.

## 12.2 VLANs und Netzwerksegmentierung

Die Implementierung von VLANs (Virtual Local Area Networks) und die Netzwerksegmentierung sind weitere Schlüsselstrategien zur Erhöhung der Sicherheit in Ihrer Proxmox-Umgebung. Durch die Segmentierung des Netzwerks können Sie den Datenverkehr zwischen verschiedenen Netzwerkbereichen kontrollieren und so das Risiko einer Ausbreitung von Bedrohungen minimieren. Beispielsweise könnten Sie ein separates VLAN für Management-Traffic, eines für

Produktions-VMs und eines für Testumgebungen einrichten.

Diese Trennung hilft nicht nur dabei, sensible
Informationen zu schützen, sondern auch, die Netzwerkleistung zu optimieren. VLANs erlauben Ihnen
auch, spezifische Firewall-Regeln anzuwenden, die
auf die einzelnen Segmente zugeschnitten sind.
Achten Sie darauf, die Inter-VLAN-Kommunikation
nur dort zu erlauben, wo es unbedingt erforderlich ist,
und nutzen Sie Firewalls, um den Verkehr zwischen
den VLANs zu filtern.

## 12.3 Minimierung von Sicherheitslücken

Die Minimierung von Sicherheitslücken erfordert eine
proaktive Herangehensweise. Führen Sie regelmäßige
Sicherheitsüberprüfungen und Schwachstellenscans
durch, um potenzielle Probleme frühzeitig zu
erkennen. Verwenden Sie dafür geeignete Tools, die
die Konfiguration Ihrer Proxmox-Umgebung auf
Sicherheit überprüfen. Analysieren Sie die Ergebnisse
und erstellen Sie einen Plan zur Behebung identi-
fizierter Schwachstellen.

Außerdem ist es wichtig, alle installierten Anwendungen und Dienste regelmäßig zu überprüfen. Entfernen Sie nicht benötigte Software und Dienste, um

die Angriffsfläche zu verkleinern. Implementieren Sie Sicherheitsrichtlinien für Benutzerzugriffe, um sicherzustellen, dass nur autorisierte Benutzer auf sensible Bereiche Ihrer Infrastruktur zugreifen können. Eine klare Dokumentation aller Sicherheitsrichtlinien und -praktiken ist ebenfalls unerlässlich, um sicherzustellen, dass alle Teammitglieder die gleichen Sicherheitsstandards einhalten.

## 12.4 Eigene Notizen

## Eigene Notizen

## 13. Erweiterte Firewall-Funktionen

In Proxmox gibt es über die Shell die Möglichkeit, erweiterte NAT- und Portweiterleitungen anzulegen. Diese Funktionalität kann nützlich sein, wenn Sie spezifischere Anforderungen an die Netzwerkarchitektur haben, die über die Standardkonfigurationen hinausgehen.
Dieses Buch behandelt jedoch hauptsächlich die Firewall-Einstellungen, die über die Proxmox GUI erreichbar sind. Die GUI bietet eine benutzerfreundliche Oberfläche, um grundlegende Firewall-Regeln zu konfigurieren, die für die meisten Anwendungen und Szenarien ausreichend sind. Die Implementierung von Portweiterleitungen und NAT-Regeln über die GUI ist momentan nicht so einfach möglich und erfordert eine detailliertere Auseinandersetzung mit der Shell und den spezifischen Befehlen.

Für Benutzer, die dennoch an fortgeschrittenen NAT- und Portweiterleitungstechniken interessiert sind, empfehle ich, sich an andere Quellen zu wenden, die sich eingehender mit diesen Themen befassen. Ich selbst nutze für diese Zwecke eine pfSense-Firewall in Proxmox als VM. pfSense bietet eine umfassende und flexible Möglichkeit, NAT und Portweiterleitungen zu verwalten, und kann idealerweise als Ergänzung zur

Proxmox-Firewall verwendet werden. pfSense könnte möglicherweise der Inhalt eines zukünftigen Buches sein.

Die grundlegende Konfiguration der Proxmox-Firewall über die GUI steht hier im Vordergrund. Eine detaillierte Erklärung zu NAT und Portweiterleitungen über die Shell würde den Rahmen dieses Buches sprengen, da es sich hier hauptsächlich um die Nutzung der grafischen Oberfläche handelt, die eine einfache und effiziente Verwaltung Ihrer Firewall ermöglicht.

## 13.1 Eigene Notizen

## Eigene Notizen

## 14. Überwachung des Netzwerkverkehrs

Die Überwachung des Netzwerkverkehrs ist ein essenzieller Bestandteil der IT-Sicherheit und -Verwaltung. In einer Proxmox-Umgebung ist es von entscheidender Bedeutung, den Netzwerkverkehr kontinuierlich zu beobachten, um potenzielle Sicherheitsvorfälle frühzeitig zu erkennen und darauf zu reagieren.
Die Bedeutung der Netzwerküberwachung liegt in der Möglichkeit, ungewöhnliche Aktivitäten zu identifizieren, die auf Sicherheitsbedrohungen oder -angriffe hindeuten könnten. Ein plötzlicher Anstieg des Datenverkehrs kann beispielsweise auf einen DDoS-Angriff hindeuten. Auch unbefugte Zugriffsversuche sollten umgehend erkannt und blockiert werden. Darüber hinaus hilft die Überwachung, interne Bedrohungen zu identifizieren, indem verdächtige Aktivitäten von Mitarbeitern oder internen Benutzern aufgedeckt werden.

Proxmox bietet verschiedene Tools und Funktionen zur Überwachung des Netzwerkverkehrs. Die Firewall kann so konfiguriert werden, dass sie alle Ereignisse protokolliert. Dies ermöglicht eine umfassende Überwachung eingehender und ausgehender Verbindungen, sodass festzustellen ist, welche Verbindungen erlaubt oder blockiert wurden. Zusätzlich kann Proxmox mit externen Monitoring-Tools wie Zabbix oder Grafana integriert werden, um eine erweiterte Überwachung des Datenverkehrs zu ermöglichen. Diese Tools senden Benachrichtigungen, wenn ungewöhnliche Muster erkannt werden. Auch Netzwerkanalyse-Tools wie Wireshark sind nützlich, um den Verkehr detailliert zu analysieren und spezifische Probleme oder Sicherheitsbedrohungen zu identifizieren.

Um eine effektive Überwachung des Netzwerkverkehrs zu gewährleisten, sollte die Firewall-Protokollierung aktiviert sein, und es ist wichtig, regelmäßig die Logs zu überprüfen. Eine Sensibilisierung des Teams für die Bedeutung der Netzwerküberwachung und eine Schulung im Umgang mit den verwendeten Tools tragen ebenfalls zur Sicherheit bei.

Zusammenfassend lässt sich sagen, dass die Überwachung des Netzwerkverkehrs in einer Proxmox-Umgebung unverzichtbar ist. Durch die Implementierung effektiver Überwachungsmaßnahmen und den Einsatz geeigneter Tools kann die Sicherheit der Systeme erhöht und potenzielle Bedrohungen frühzeitig erkannt werden. Die Kombination der Funktionen der Proxmox-Firewall mit externen Monitoring-Tools schafft eine robuste Sicherheitsarchitektur, die virtuelle Maschinen und Container effektiv schützt.

## 14.1 Firewall Log im Datacenter

Um das Logging auf Datacenter-Ebene in Proxmox zu aktivieren und zu konfigurieren, sollte Admin Bob einige wichtige Schritte befolgen. Die Protokollierung ist entscheidend, um den Überblick über alle Firewall-Ereignisse zu behalten und potenzielle Sicherheits-vorfälle frühzeitig zu erkennen.

Zunächst muss Bob die Proxmox-Weboberfläche auf-rufen und sich in seinem Datacenter anmelden. Nach-dem er sich angemeldet hat, navigiert er zu den Ein-stellungen seines Datacenters. Dort findet er den Tab »Firewall« wo er die Protokollierungsoptionen akti-vieren kann.

### 14.1.1 Aktivierung des Logs

Bob aktiviert die Firewall, wenn sie noch nicht aktiv ist. Direkt unter dem Firewall-Bereich findet er die Option zur Aktivierung des Loggings. Hier stellt er sicher, dass sowohl die Eingangs- als auch die Aus-gangsprotokollierung aktiviert sind. Dies bedeutet, dass alle eingehenden und ausgehenden Verbin-dungen protokolliert werden. Bob weiß, dass dies ihm helfen wird, einen umfassenden Überblick über den Datenverkehr zu behalten.

## 14.1.2 Konfiguration des Logs

Nach der Aktivierung der Protokollierung hat Bob die Möglichkeit, die Log-Einstellungen weiter zu konfigurieren. Er kann die Log-Stufe festlegen, um zu bestimmen, welche Informationen protokolliert werden sollen. Bob entscheidet sich für eine detaillierte Log-Stufe, damit er alle relevanten Informationen über die Firewall-Ereignisse erhält, einschließlich blockierter Verbindungen und erlaubter Zugriffe.

## 14.1.3 Überwachung der Logs

Bob geht dann zu den Log-Viewer-Tools in Proxmox, um die protokollierten Daten zu überprüfen. Er kann die Logs nach verschiedenen Kriterien filtern, wie z.B. nach Zeitstempel oder spezifischen IP-Adressen. Durch diese Analyse kann er schnell herausfinden, ob es ungewöhnliche Aktivitäten gibt, wie unbefugte Zugriffsversuche oder einen Anstieg des Datenverkehrs.

## 14.1.4 Beispiel für die Nutzung der Logs

Angenommen, Bob bemerkt in den Logs eine Reihe von fehlgeschlagenen Anmeldeversuchen von einer bestimmten IP-Adresse. Er kann sofort Maßnahmen ergreifen, indem er diese IP-Adresse blockiert. Durch die Nutzung der Logs kann er auch Muster erkennen, die auf einen möglichen Angriff hindeuten könnten, und entsprechend reagieren.

## 14.2 Firewall Log im Node

Um das Firewall-Logging auf Node-Ebene in Proxmox zu aktivieren und zu konfigurieren, sollte Admin Bob die folgenden Schritte befolgen. Die Protokollierung ist entscheidend, um alle Firewall-Ereignisse auf der Node zu überwachen und frühzeitig potenzielle Sicherheitsvorfälle zu erkennen.

Zuerst meldet sich Bob in der Proxmox-Weboberfläche an und wählt die spezifische Node aus, die er überwachen möchte. Im Firewall-Bereich dieser Node aktiviert er die Firewall, falls sie noch nicht aktiviert ist. Diese Aktivierung sorgt dafür, dass alle Firewall-Regeln und -Einstellungen wirksam werden.

### 14.2.1 Aktivierung des Logs

Nachdem die Firewall aktiviert ist, sieht Bob die Option zur Protokollierung. Hier kann er die Log-Einstellungen aktivieren, um sowohl eingehende als auch ausgehende Verbindungen zu protokollieren. Diese Entscheidung ermöglicht es Bob, alle Verbindungsversuche zu verfolgen, egal ob sie erfolgreich waren oder blockiert wurden. So erhält er einen umfassenden

Überblick über den Datenverkehr auf dieser speziellen Node.

## 14.2.2 Konfiguration der Logs

Bob hat nun die Möglichkeit, die Logging-Einstellungen weiter anzupassen. Er kann die Log-Stufe festlegen, die bestimmt, welche Informationen protokolliert werden. Bob entscheidet sich für eine detaillierte Log-Stufe, um sicherzustellen, dass er alle relevanten Informationen, einschließlich IP-Adressen, Zeitstempel und Verbindungsstatus, erhält. Diese detaillierten Logs sind entscheidend, um Muster zu erkennen und potenzielle Bedrohungen frühzeitig zu identifizieren.

## 14.2.3 Überwachung der Logs

Nach der Konfiguration der Logs kann Bob diese regelmäßig überprüfen. Er nutzt den Log-Viewer in Proxmox, um die protokollierten Daten zu analysieren. Durch das Filtern der Logs nach bestimmten Kriterien, wie etwa Zeit oder IP-Adresse, kann Bob gezielt nach ungewöhnlichen Aktivitäten suchen. Wenn er beispielsweise eine Reihe von fehlgeschlagenen Anmeldeversuchen von einer bestimmten IP-Adresse sieht, kann er sofort handeln und diese IP blockieren.

### 14.2.4 Beispiel für die Nutzung der Logs

Nehmen wir an, Bob entdeckt in den Logs, dass eine IP-Adresse wiederholt versucht, sich anzumelden, ohne Erfolg. Dank der Protokollierung kann er schnell entscheiden, ob er diese IP-Adresse vorübergehend oder dauerhaft sperren möchte. Durch das ständige Monitoring der Logs ist Bob in der Lage, rechtzeitig auf potenzielle Angriffe zu reagieren und die Sicherheit seiner Proxmox-Umgebung zu gewährleisten.

### 14.3 Firewall Log VM und CT

Um die Protokollierung auf der Firewall-Ebene für virtuelle Maschinen (VMs) und Container (CTs) in Proxmox zu aktivieren, muss Admin Bob einige gezielte Schritte unternehmen. Da er sicherstellen möchte, dass er einen Überblick darüber hat, was auf seinen VMs und CTs geschieht, aktiviert er auch hier das Logging.

Zuerst wählt Bob die spezifische VM oder den Container aus, für den er die Protokollierung einrichten möchte. Nachdem er die VM oder den CT ausgewählt hat, navigiert er zum Bereich »Firewall« innerhalb der Einstellungen dieser Instanz. Falls die Firewall noch nicht aktiviert ist, wird Bob dies als ersten Schritt tun, da die Protokollierungsfunktionen nur dann zur Verfügung stehen.

### 14.3.1 Aktivierung der Logs für VMs und CTs

Nachdem die Firewall aktiv ist, findet Bob die Option zur Protokollierung. Hier kann er sowohl die eingehende als auch die ausgehende Protokollierung aktivieren, sodass alle Verbindungsversuche, ob erfolgreich oder blockiert, dokumentiert werden. Diese Entscheidung ermöglicht es Bob, alle Aktivitäten innerhalb der VM oder des CTs zu überwachen und potenzielle Sicherheitsvorfälle schnell zu erkennen.

### 14.3.2 Konfiguration der Logs

Im nächsten Schritt kann Bob die Logging-Einstellungen weiter anpassen. Er hat die Möglichkeit, die Log-Stufe auszuwählen, die definiert, welche Informationen erfasst werden sollen. Bob entscheidet sich für eine detaillierte Log-Stufe, die sicherstellt, dass er relevante Daten wie IP-Adressen, Zeitstempel und Verbindungsstatus erhält. Diese detaillierten Informationen sind wichtig, um Muster im Netzwerkverkehr zu identifizieren und Bedrohungen frühzeitig zu erkennen.

### 14.3.3 Überwachung der Logs

Nach der Aktivierung der Logs kann Bob diese regelmäßig überprüfen. Der Log-Viewer in Proxmox bietet ihm die Möglichkeit, die protokollierten Daten zu analysieren. Durch das Filtern der Logs nach spezifischen Kriterien, wie etwa Zeit oder IP-Adresse, kann Bob gezielt nach ungewöhnlichen Aktivitäten suchen. Wenn er beispielsweise feststellt, dass eine IP-Adresse wiederholt versucht hat, auf seine VM oder CT zuzugreifen, kann er sofort Maßnahmen ergreifen, um diese IP zu blockieren.

### 14.3.4 Beispiel für die Nutzung der Logs

Stellen wir uns vor, Bob entdeckt in den Logs, dass eine bestimmte IP-Adresse häufig erfolglose Anmeldeversuche unternimmt. Dank der Protokollierung kann er umgehend entscheiden, diese IP-Adresse vorübergehend oder dauerhaft zu sperren. Durch die regelmäßige Überwachung der Logs ist Bob in der Lage, proaktiv auf potenzielle Angriffe zu reagieren und die Sicherheit seiner Proxmox-Umgebung zu wahren.

### 14.4 Fazit Firewall Logs

Die Protokollierung auf Datacenter-, Node- sowie VM- und CT-Ebene ist ein entscheidendes Element für die

Sicherheitsstrategie in Proxmox. Die Möglichkeit, den Netzwerkverkehr umfassend zu überwachen, ermöglicht Admin Bob, potenzielle Bedrohungen frühzeitig zu erkennen und darauf zu reagieren. Indem er die Logs in jeder dieser Ebenen aktiviert, hat er einen klaren Überblick über alle eingehenden und ausgehenden Verbindungen.

Die Protokollierung auf Datacenter-Ebene gibt ihm eine zentrale Sicht auf die Aktivitäten im gesamten Cluster, während die Logs auf Node-Ebene spezifische Einblicke in den Verkehr und die Interaktionen zwischen den VMs und Containern bieten. Dies ermöglicht es Bob, schnell auf unerwünschte Aktivitäten zu reagieren, wie etwa unbefugte Zugriffsversuche oder plötzliche Traffic-Spitzen, die auf Sicherheitsvorfälle hindeuten könnten.

Die detaillierte Protokollierung innerhalb der VMs und CTs ergänzt diese Übersicht, indem sie Bob erlaubt, verdächtige Aktivitäten direkt auf den einzelnen Instanzen zu überwachen. Diese Maßnahmen sind nicht nur für die Sicherheit, sondern auch für die allgemeine Integrität und Stabilität der virtuellen Infrastruktur unerlässlich.

Insgesamt bietet die Proxmox-Firewall durch die Implementierung und Überwachung von Logs auf allen Ebenen eine robuste Sicherheitsarchitektur. Diese Protokollierungsfunktionen sind unverzichtbar, um in einer sich ständig verändernden Bedrohungs-landschaft proaktiv handeln zu können und die Sicherheit der virtuellen Maschinen und Container dauerhaft zu gewährleisten.

## 14.5 Eigene Notizen

# Eigene Notizen

## 15. Integration mit externen Firewalls

Die Integration von externen Firewalls in eine Proxmox-Umgebung kann die Sicherheit erheblich erhöhen und zusätzliche Schutzschichten bieten. Eine der besten Optionen dafür ist die pfSense-Firewall, die sich aufgrund ihrer umfangreichen Funktionen und Flexibilität einer wachsenden Beliebtheit erfreut.

Ich habe pfSense als VM auf Proxmox am Laufen, und dahinter befinden sich mehrere Windows- und Linux-Server, die alle über eine einzige IP-Adresse und Portweiterleitung angesprochen werden können. Diese Konfiguration spart Kosten, da nicht jeder Server eine eigene IP-Adresse benötigt. Dadurch wird die Verwaltung der Netzwerkinfrastruktur erheblich vereinfacht, und es können Ressourcen effizienter genutzt werden.

pfSense bietet eine Vielzahl von Sicherheitsfunktionen, darunter Stateful Packet Inspection, Intrusion Detection und Prevention System (IDS/IPS) sowie VPN-Dienste. Diese Funktionen ermöglichen eine präzise Kontrolle über den Datenverkehr und helfen, potenzielle Bedrohungen effektiv zu erkennen und zu neutralisieren. Durch die Möglichkeit, pfSense als VM in Proxmox zu betreiben, hat man eine zentrale Anlaufstelle, um den gesamten Netzwerkverkehr zu verwalten und Sicherheitsrichtlinien zu implementieren.

Ein weiterer Pluspunkt von pfSense ist die Benutzerfreundlichkeit. Die grafische Benutzeroberfläche ist intuitiv gestaltet, was es auch weniger erfahrenen Benutzern ermöglicht, die Firewall effizient zu konfigurieren und zu verwalten. Zudem bietet pfSense eine umfangreiche Dokumentation und eine aktive Community, die Unterstützung bei der Fehlersuche und Optimierung der Firewall bereitstellt.

Die Integration von pfSense in Proxmox erlaubt es, spezifische Regeln und Einstellungen für die VMs und Container festzulegen, ohne sich ausschließlich auf die integrierten Firewall-Funktionen von Proxmox verlassen zu müssen. Dies ist besonders wichtig, wenn spezielle Anforderungen bestehen, wie die Verwaltung des Verkehrs über verschiedene VLANs oder die Implementierung komplexer NAT- und Portweiterleitungsregeln.

Das Aufdröseln aller Funktionen der pfSense würde jedoch den Rahmen dieses Buches sprengen. Es lohnt sich, sich tiefergehend mit pfSense zu beschäftigen, um alle Möglichkeiten optimal nutzen zu können. Es gibt zahlreiche Ressourcen und Anleitungen, die helfen können, pfSense besser zu verstehen und die Sicherheitsarchitektur Ihrer Proxmox-Umgebung weiter zu verbessern.

## 15.1 Firewall VMs für Proxmox

Hier sind einige der bekanntesten Firewall-Systeme, die in Form einer VM unter Proxmox verwendet werden können:

### 15.1.1 pfSense

pfSense ist eine Open-Source-Firewall und Router, die umfassende Sicherheitsfunktionen bietet, darunter Stateful Packet Inspection, VPN-Dienste und ein Intrusion Detection System (IDS). Sie kann leicht als VM in Proxmox eingerichtet werden und bietet eine benutzerfreundliche Oberfläche zur Verwaltung des Netzwerkverkehrs.

### 15.1.2 OPNsense

OPNsense ist ein Fork von pfSense und bietet ebenfalls eine Vielzahl von Funktionen zur Netzwerksicherheit, darunter Webfilterung, VPN und IDS/IPS. Die Konfiguration erfolgt über eine ansprechende Benutzeroberfläche, und OPNsense hat eine aktive Community, die Unterstützung bietet.

### 15.1.3 FortiGate

FortiGate von Fortinet ist eine kommerzielle Next-Generation-Firewall, die auf Virtualisierungsplattformen wie Proxmox eingesetzt werden kann. Sie bietet umfangreiche Funktionen zur Bedrohungserkennung, VPN und Webfilterung. FortiGate kann durch seine leistungsstarken Sicherheitsfeatures punkten, die speziell für Unternehmen entwickelt wurden.

### 15.1.4 Sophos XG Firewall

Diese Firewall-Lösung von Sophos bietet eine umfassende Sicherheitsarchitektur, die auch Funktionen wie IPS, Webfilterung und VPN umfasst. Die XG Firewall kann ebenfalls als VM in Proxmox betrieben werden und bietet eine benutzerfreundliche Oberfläche sowie detaillierte Analysen des Netzwerkverkehrs.

### 15.1.5 Untangle NG Firewall

Untangle bietet eine flexible Firewall-Lösung, die sich leicht in Proxmox implementieren lässt. Sie kombiniert Netzwerksicherheit mit einer Vielzahl von Funktionen zur Überwachung und Kontrolle des Datenverkehrs, einschließlich Webfilterung und VPN.

### 15.1.6 ClearOS

ClearOS ist eine weitere Open-Source-Lösung, die sowohl Firewall- als auch Gateway-Funktionalitäten bietet. Sie lässt sich gut in Proxmox integrieren und eignet sich sowohl für kleine als auch für mittlere Unternehmen.

Diese Firewalls bieten eine Vielzahl von Funktionen und können je nach spezifischen Anforderungen in einer Proxmox-Umgebung eingesetzt werden. Die Auswahl hängt von den individuellen Sicherheitsbedürfnissen, dem Budget und der gewünschten Benutzerfreundlichkeit ab. Es lohnt sich, die verschiedenen Optionen zu vergleichen, um die passende Lösung für die eigene Infrastruktur zu finden.

Das sind aber mitnichten alle Firewalls. Ich wollte nur einige aufzählen, um Ihnen zu zeigen, dass die Proxmox-Firewall weiter ausgebaut werden kann. Es gibt zahlreiche andere Optionen, die je nach spezifischen Anforderungen und Sicherheitsbedürfnissen in eine Proxmox-Umgebung integriert werden können. Diese zusätzlichen Firewalls bieten eine Vielzahl von Funktionen und erweiterten Sicherheitsmaßnahmen, die die integrierte Firewall von Proxmox ergänzen und verbessern können. Es lohnt sich, die verschiedenen

Lösungen zu erkunden, um die optimale Sicherheitsarchitektur für Ihre Infrastruktur zu entwickeln.

## 15.2 Eigene Notizen

## Eigene Notizen

## 16. Troubleshooting und häufige Probleme

In diesem Kapitel gehe ich mit Ihnen einige Themen zum Troubleshooting und zu häufigen Problemen durch. Es ist wichtig, zu erkennen, dass es verschiedene Ansätze gibt, um die Herausforderungen, die in einer Proxmox-Umgebung auftreten können, zu bewältigen. Verschiedene Container (CTs) und virtuelle Maschinen (VMs) können mit speziellen Analysetools und Troubleshooting-Systemen aufgesetzt werden, um Probleme systematisch zu identifizieren und zu beheben.

Dieses Thema ist so riesig und so individuell, dass ich es nur auf Proxmox selbst und sehr oberflächlich ankratzen kann. Die Komplexität der verschiedenen Implementierungen und die unterschiedlichen Konfigurationen, die in den jeweiligen Umgebungen vorliegen, machen es schwierig, eine allgemeingültige Lösung zu präsentieren. Stattdessen konzentriere ich mich auf die typischen Probleme, die Benutzer bei der Arbeit mit Proxmox erleben können, sowie auf die grundlegenden Schritte zur Diagnose dieser Probleme. Im Anschluss daran werden spezifische Strategien und Lösungen vorgestellt, die Ihnen helfen, die Herausforderungen in Ihrer Umgebung zu meistern.

## 16.1 Fehlerdiagnose bei Netzwerkproblemen

Die Fehlerdiagnose bei Netzwerkproblemen in einer Proxmox-Umgebung ist ein kritischer Prozess, um die Ursache von Verbindungsproblemen schnell zu identifizieren und zu beheben. In vielen Fällen sind Netzwerkprobleme die Ursache für unerwartete Verhaltensweisen von virtuellen Maschinen (VMs) und Containern (CTs). Greifen wir zur besseren Verständlichkeit wieder auf Admin Bob zurück.

Ein erster Schritt zur Diagnose besteht darin, die grundlegenden Netzwerkverbindungen zu überprüfen. Dies umfasst die Überprüfung der physikalischen Netzwerkverbindungen, um sicherzustellen, dass alle Kabel richtig angeschlossen sind und die Netzwerkhardware ordnungsgemäß funktioniert, was natürlich nur geht, wenn der Proxmox-Server auch irgendwo im Gebäude steht. Admin Bob sollte auch sicherstellen, dass die Netzwerkschnittstellen auf dem Proxmox-Node korrekt konfiguriert sind.

Ein weiterer wichtiger Aspekt ist die Überprüfung der IP-Adressen und Netzwerkkonfigurationen der VMs und CTs. Oftmals können falsche IP-Adressen, Subnetzmasken oder Gateway-Einstellungen zu Kommunikationsproblemen führen. Hier empfiehlt es sich, die Netzwerkeinstellungen der betroffenen Instanzen zu überprüfen und sicherzustellen, dass sie mit den Vorgaben des Netzwerks übereinstimmen.

Logs spielen eine entscheidende Rolle bei der Fehlersuche. Admin Bob sollte die Firewall-Logs in Proxmox analysieren, um festzustellen, ob Verbindungen blockiert oder fehlgeschlagen sind. Protokollierte Ereignisse können wertvolle Hinweise darauf geben, wo das Problem liegt und welche IP-Adressen betroffen sind.

Darüber hinaus kann Admin Bob auch Netzwerkdiagnosetools wie »ping«, »traceroute« oder »nslookup« verwenden, um die Erreichbarkeit von Geräten im Netzwerk zu überprüfen und mögliche Engpässe oder Probleme bei der Namensauflösung zu identifizieren. Diese Tools helfen dabei, die Pfade, die Datenpakete durch das Netzwerk nehmen, zu visualisieren und auf Probleme hinzuweisen.

Letztlich ist die Fehlerdiagnose ein iterativer Prozess, der Geduld und systematisches Vorgehen erfordert. Mit den richtigen Tools und einer klaren Vorgehensweise kann Admin Bob die meisten Netzwerkprobleme schnell und effizient identifizieren und beheben, um die Stabilität seiner Proxmox-Umgebung zu gewährleisten.

### 16.1.1 Netzwerkdokumentation

Stellen Sie sicher, dass Sie eine vernünftige Dokumentation haben, in der verzeichnet ist, welche IPs, Gateways, Ports und so weiter mit welcher Maschine verbunden sind, auch wenn über Firewalls wie pfSense geroutet wird. Alles sollte in einem Netzwerkplan erkennbar und nachvollziehbar sein. Das macht im Fehlerfall alles um einiges einfacher. Ein Netzwerkplan zu lesen, geht deutlich schneller, als stunden- oder sogar tagelang nach dem Haar in der Suppe zu suchen. Eine klare Dokumentation hilft Ihnen, Probleme effizient zu identifizieren und zu beheben, sodass Sie Ihre Ressourcen besser nutzen können.

### 16.2 Analyse der Firewall-Logs

Die Analyse der Firewall-Logs kann manchmal eine echte Herausforderung sein und zum Verzweifeln führen. Doch gerade diese Logs sind entscheidend für das Verständnis der Netzwerkaktivitäten und der Sicherheitslage Ihrer Proxmox-Umgebung. Gewöhnen Sie sich an, die Logs regelmäßig zu prüfen, auch wenn kein offensichtlicher Fehler vorliegt. Durch diese Routine werden Sie mit der Funktionsweise der Logs vertrauter und können Muster oder Anomalien schneller erkennen.

Beginnen Sie mit den Grundlagen: Machen Sie sich mit den verschiedenen Log-Leveln vertraut und verstehen Sie, welche Informationen protokolliert werden. Achten Sie darauf, welche IP-Adressen Verbindungen aufbauen, welche Ports angesprochen werden und wie oft bestimmte Aktionen aufgezeichnet werden. Diese Daten können wertvolle Hinweise darauf geben, ob es möglicherweise Sicherheitsvorfälle gibt oder ob legitime Nutzer durch falsche Konfigurationen blockiert werden.

Darüber hinaus ist es sinnvoll, nach Webadressen zu suchen, die Tipps und Tricks bieten, um die Logs besser auszuwerten. Es gibt zahlreiche Ressourcen und Communitys, die wertvolle Informationen zur Analyse von Firewall-Logs bereitstellen. Nutzen Sie Foren und Websites, die sich mit Proxmox, pfSense oder allgemeinen Netzwerksicherheitsthemen befassen. Diese Plattformen können Ihnen helfen, besser zu verstehen, wie Sie die Logs interpretieren und nutzen können, um Ihre Sicherheitsmaßnahmen zu optimieren.

Mit der Zeit werden Sie feststellen, dass das regelmäßige Überprüfen und Analysieren der Logs nicht nur Ihre Fähigkeiten verbessert, sondern auch dazu beiträgt, proaktiv gegen potenzielle Bedrohungen vorzugehen. Sie lernen, die richtigen Fragen zu stellen und Muster im Datenverkehr zu erkennen, die Ihnen helfen, die Sicherheit Ihrer virtuellen Infrastruktur zu erhöhen. Ein gut geübtes Auge für die Logs kann den Unterschied zwischen einer schnellen Fehlerbehebung und einer langwierigen, frustrierenden Fehlersuche ausmachen.

## 16.3 Strategien zur Fehlersuche

Die Strategien zur Fehlersuche in einer Proxmox-Umgebung sind entscheidend, um Netzwerkprobleme effizient zu identifizieren und zu beheben. Wenn Admin Bob auf ein Problem stößt, kann er einen systematischen Ansatz verfolgen, um die Ursache zu ermitteln und die notwendige Lösung zu finden.

Zunächst sollte Admin Bob die Symptome des Problems klar definieren. Dazu gehört, alle relevanten Informationen zu sammeln, wie etwa Fehlermeldungen, betroffene Systeme und die Umstände, unter denen das Problem auftritt. Indem er eine genaue Beschreibung des Problems erstellt, kann er den Fokus auf die potenziellen Ursachen legen und die Suche eingrenzen.

Ein wichtiger Schritt in der Fehlersuche besteht darin, die Log-Dateien gründlich zu überprüfen. Die Logs bieten wertvolle Informationen über den Netzwerkverkehr und die Aktivitäten innerhalb der virtuellen Maschinen und Container. Durch das sorgfältige Analysieren dieser Protokolle kann Admin Bob Hinweise auf unzulässige Verbindungen, blockierte Ports oder fehlgeschlagene Anmeldeversuche finden. Es ist ratsam, eine chronologische Betrachtung der Logs vorzunehmen, um Muster oder Anomalien zu identifizieren, die auf die Wurzel des Problems hinweisen könnten.

Ein weiterer Ansatz zur Fehlersuche ist der Einsatz von Netzwerkdiagnosetools. Tools wie ping, traceroute und nslookup ermöglichen es Admin Bob, die Erreichbarkeit von Geräten zu testen und den Pfad der Datenpakete durch das Netzwerk zu verfolgen. Diese Informationen sind hilfreich, um herauszufinden, wo genau im Netzwerk ein Problem auftritt. Wenn beispielsweise ein Server nicht erreichbar ist, kann Bob mit ping testen, ob die IP-Adresse erreichbar ist, und mit traceroute den Weg bis zum Ziel analysieren, um Engpässe oder Ausfälle zu identifizieren.

Die Kommunikation mit anderen Teammitgliedern oder Administratoren kann ebenfalls zur Fehlersuche beitragen. Manchmal kann ein frischer Blick auf das Problem helfen, neue Perspektiven zu gewinnen.

Admin Bob sollte sich nicht scheuen, Fragen zu stellen oder seine Beobachtungen zu teilen, da dies oft zu neuen Erkenntnissen führen kann.

Darüber hinaus ist es hilfreich, eine Dokumentation der durchgeführten Schritte zu führen. Dies hilft nicht nur, den Überblick zu behalten, sondern kann auch zukünftige Fehlersuchen erleichtern. Wenn ein ähnliches Problem erneut auftritt, kann Bob auf seine Notizen zurückgreifen und die bereits gefundenen Lösungen anwenden.

Zusammenfassend ist die Fehlersuche in einer Proxmox-Umgebung ein iterativer Prozess, der Geduld, Analyse und kreative Problemlösungsfähigkeiten erfordert. Durch systematisches Vorgehen, das Überprüfen von Logs, den Einsatz von Diagnosetools und die Zusammenarbeit mit anderen kann Admin Bob effektiv die Ursachen von Netzwerkproblemen ermitteln und sicherstellen, dass seine virtuelle Infrastruktur stabil und sicher bleibt.

## 16.4 Eigene Notizen

Eigene Notizen

## 17. Logs und Log-Level in Proxmox

Proxmox bietet in den Firewalls, die direkt in der Plattform laufen, also auf Node-, VM- und CT-Ebene, die Möglichkeit, Logs mit verschiedenen Log-Leveln zu erfassen. Datacenter selbst hat keine Loglevel, diese laufen auf der Node-Ebene. Diese Logs sind entscheidend für die Überwachung, Analyse und Fehlersuche in Ihrer Umgebung. Sie geben Ihnen die Möglichkeit, den Netzwerkverkehr zu protokollieren und zu verstehen, wie Ihre Infrastruktur funktioniert.

Logs ermöglichen es Administratoren, wichtige Ereignisse und Aktivitäten zu verfolgen, die in der virtuellen Infrastruktur stattfinden. Durch das Protokollieren von Verbindungen, Fehlermeldungen und anderen relevanten Informationen können Sie schnell Probleme identifizieren und gezielt darauf reagieren. Diese Protokolle dienen nicht nur der Fehlerdiagnose, sondern auch der Sicherheitsüberwachung, da sie helfen, verdächtige Aktivitäten und mögliche Angriffe zu erkennen.

Ein wichtiger Aspekt der Logs in Proxmox ist das Konzept der Log-Level. Jedes Log-Level definiert, welche Art von Informationen protokolliert wird, und ermöglicht eine feinere Kontrolle über die gesammelten

Daten. Die Verwendung unterschiedlicher Log-Level ermöglicht es Ihnen, die Protokollierung an die spezifischen Bedürfnisse Ihrer Umgebung anzupassen. So können Sie beispielsweise entscheiden, ob Sie nur kritische Ereignisse protokollieren oder auch detailliertere Informationen zu allen Verbindungen und Aktivitäten erfassen möchten.

Durch die Anpassung der Log-Level können Sie die Leistung Ihrer Proxmox-Umgebung optimieren. Wenn zu viele Daten protokolliert werden, kann dies zu einer Überlastung der Logs führen und die Analyse erschweren. Umgekehrt kann eine zu grobe Protokollierung dazu führen, dass wichtige Informationen verloren gehen. Daher ist es entscheidend, das richtige Gleichgewicht zu finden und die Log-Level entsprechend Ihren Anforderungen zu konfigurieren.

Im weiteren Verlauf werde ich auf die spezifischen Log-Level eingehen und erläutern, wie Sie diese in Ihrer Proxmox-Umgebung nutzen können, um die Effizienz und Sicherheit Ihrer Infrastruktur zu maximieren.

## 17.1 Log-Level

In der Proxmox VE Version 8.2.7 haben wir auf der
Node-Ebene eine Reihe von Log-Level-Einträgen, die
es Admins ermöglichen, die Protokollierung gezielt zu
steuern. Diese Log-Level reichen von »nolog« bis hin
zu »debug« und bieten eine Vielzahl von Optionen,
um die Art der protokollierten Informationen anzupassen.

### 17.1.1 nolog

Das Log-Level »nolog« in der Node-Firewall von Proxmox schaltet die Protokollierung vollständig ab. Diese
Einstellung kann in bestimmten Situationen nützlich
sein, insbesondere in Testumgebungen, wo die
Ressourcenverwendung optimiert werden soll. Wenn
die Protokollierung deaktiviert ist, werden jedoch
keine Informationen über Netzwerkaktivitäten
erfasst, was die Fehlersuche und Sicherheitsüberwachung erheblich erschwert.

In produktiven Umgebungen sollte nolog mit Vorsicht
verwendet werden. Während eines Tests kann es sinnvoll sein, die Protokollierung auszuschalten, um den
Fokus auf spezifische Änderungen oder Probleme zu
richten. Dennoch ist es wichtig, die Logs regelmäßig
zu aktivieren, um potenzielle Sicherheitsvorfälle zu

überwachen und die Integrität der Umgebung zu gewährleisten. Ein langfristiger Verzicht auf Protokollierung könnte dazu führen, dass kritische Ereignisse übersehen werden, die sonst zur Aufrechterhaltung der Systemstabilität hätten beitragen können.

### 17.1.2 emerg

Das Log-Level »emerg« in der Node-Firewall von Proxmox protokolliert kritische Ereignisse, die in der Regel auf schwerwiegende Zustände hinweisen. Diese Einträge sind keine direkten Indikatoren für Hardwarefehler oder Softwareprobleme, sondern vielmehr Anzeichen von Bedingungen, die zu Systemausfällen führen könnten. Sie können durch übermäßige Fehlermeldungen, unerwartete Verbindungsabbrüche oder ähnliche Netzwerkprobleme hervorgerufen werden. Solche Hinweise erfordern sofortige Aufmerksamkeit, um die Integrität und Verfügbarkeit der Proxmox-Umgebung zu gewährleisten.

### 17.1.3 alert

Das alert-Level ist ein kritisches Log-Level, das eine Reihe von Bedingungen anzeigt, die sofortige Maßnahmen erfordern. Wenn in den Logs Bedingungen protokolliert werden, die auf das alert-Level fallen, deutet das darauf hin, dass es Probleme gibt, die ernst genommen werden müssen, um die Integrität und

Verfügbarkeit des Systems zu gewährleisten. Diese Logs sollten umgehend überprüft werden, da sie auf schwerwiegende Zustände hinweisen, die, wenn sie ignoriert werden, zu systematischen Ausfällen oder Instabilitäten führen können.

### 17.1.4 crit

Das crit-Level protokolliert kritische Bedingungen, die potenziell ernsthafte Auswirkungen auf die Funktionalität des Systems haben können. Wenn Admin Bob in den Logs Einträge auf diesem Level findet, sollte er sofort reagieren, da diese Bedingungen auf schwerwiegende Probleme hinweisen, die die Leistung oder Stabilität der Proxmox-Umgebung gefährden können.

Diese Einträge dienen als Warnsignal und erfordern umgehende Aufmerksamkeit, um die Integrität des Systems zu gewährleisten.

### 17.1.5 err

Das err-Log-Level protokolliert allgemeine Fehlermeldungen, die auf Probleme hinweisen, die behoben werden sollten, jedoch nicht sofort kritisch sind. Diese Einträge sind wichtig, um die Systemstabilität zu gewährleisten und kleinere Probleme frühzeitig zu erkennen, bevor sie sich zu größeren Schwierigkeiten entwickeln.

### 17.1.6 warning

Mit dem warning-Level werden Warnmeldungen erfasst, die auf mögliche Probleme hinweisen, die zwar nicht sofort kritisch sind, jedoch in der Zukunft zu ernsthaften Fehlern führen können, wenn sie ignoriert werden.

### 17.1.7 notice

Das notice-Level bietet eine informative Protokollierung über bedeutende Ereignisse im System, die nicht unbedingt kritisch sind, aber dennoch wichtig für die Überwachung sind.

### 17.1.8 info

Das info-Level protokolliert allgemeine Informationen über den Status des Systems. Diese Einträge helfen dabei, einen Überblick über die täglichen Aktivitäten und die allgemeine Leistung zu behalten.

### 17.1.9 debug

Schließlich bietet das debug-Level die detaillierteste Protokollierung, die für die Fehlersuche und die Analyse von spezifischen Vorgängen im System nützlich ist. Dieses Level ist besonders hilfreich, wenn

Administratoren tiefere Einblicke in die Abläufe der Proxmox-Umgebung benötigen.

Insgesamt ermöglichen diese verschiedenen Log-Level Admins, die Protokollierung ihrer Proxmox-Umgebung zu optimieren und die notwendigen Informationen zur Analyse und Fehlerbehebung bereitzustellen. Es ist entscheidend, die richtigen Log-Level auszuwählen, um sowohl die Leistung als auch die Sicherheit des Systems zu gewährleisten.

## 17.2 Funktionsweise der Logs

Die Proxmox-Firewall verwendet verschiedene Log-Level, um Netzwerkzugriffe zu klassifizieren und zu protokollieren. Die Entscheidung, ob ein Netzwerkzugriff als alert oder emerg eingestuft wird, basiert auf vordefinierten Kriterien, die festlegen, welche Art von Ereignissen als kritisch oder dringend angesehen werden.

In der Regel berücksichtigt die Firewall Faktoren wie die Häufigkeit von Fehlversuchen, die Quelle der Zugriffsversuche, die Auswirkungen auf den Betrieb sowie bekannte Bedrohungen. Diese Klassifizierung hilft Administratoren, potenzielle Sicherheitsrisiken schnell zu erkennen und angemessen darauf zu reagieren.

Die Proxmox-Firewall implementiert ein effektives Logging-System, das auf dem netfilter-Logging-Daemon basiert. Dieser Mechanismus ermöglicht es der Firewall, Netzwerkzugriffe zu protokollieren, die durch die festgelegten Firewall-Regeln gefiltert werden. Der pvefw-logger-Dienst ist speziell für diese Aufgabe verantwortlich und erfasst Verbindungsaktivitäten gemäß den konfigurierten Log-Leveln.

Proxmox definiert verschiedene Log-Level, die es Administratoren ermöglichen, die Schwere der protokollierten Ereignisse zu klassifizieren. Jedes Log-Level von nolog bis debug bestimmt, welche Art von Informationen erfasst wird. Zum Beispiel protokolliert das emerg-Level schwerwiegende Systemereignisse, während alert- und crit-Level auf dringende Probleme hinweisen.

Die Entscheidung, welche Log-Level für bestimmte Netzwerkzugriffe verwendet werden, hängt von den festgelegten Firewall-Regeln ab. Wenn ein Zugriff auf eine Regel trifft, die mit einem höheren Log-Level konfiguriert ist, wird dieser Zugriff entsprechend protokolliert. Zum Beispiel könnte eine Regel, die Verbindungen von einer bestimmten IP-Adresse zulässt, auf info konfiguriert sein, während eine Regel, die Verbindungen von nicht autorisierten IPs blockiert, auf alert eingestellt sein könnte. Diese Flexibilität ermöglicht eine gezielte Überwachung der Netzwerkaktivitäten.

Ein weiterer Aspekt ist, dass die Proxmox-Firewall auch das Logging von benutzerdefinierten Firewall-Regeln unterstützt. Dadurch können Administratoren eine feingranulare Protokollierung implementieren, die unabhängig von den globalen Log-Level-Einstellungen ist. Dies ist besonders nützlich, um spezifische Verkehrsarten genauer zu überwachen.

Insgesamt ermöglicht der Logging-Mechanismus der Proxmox-Firewall eine detaillierte Überwachung und Analyse des Netzwerkverkehrs, was entscheidend für die Sicherheit und Stabilität der Umgebung ist. Die klare Struktur der Log-Level und die Möglichkeit zur Anpassung der Protokollierung an spezifische Anforderungen tragen dazu bei, dass Administratoren potenzielle Sicherheitsvorfälle frühzeitig erkennen und darauf reagieren können.

In Proxmox ist die Firewall standardmäßig so konfiguriert, dass der gesamte eingehende und ausgehende Verkehr blockiert wird, es sei denn, spezifische Regeln werden erstellt. Wenn die Firewall aktiviert ist, müssen die Administratoren eigene Regeln definieren, um den Datenverkehr zuzulassen.

Standardregeln, die durch die Aktivierung der Firewall auf Node- oder Datacenter-Ebene erstellt werden, können wichtige Verkehrsarten wie VNC und SPICE ebenfalls automatisch zulassen, um die Funktionalität der virtuellen Maschinen und Container zu gewährleisten. Das bedeutet, dass es in der Verantwortung des Administrators liegt, die Firewall so zu konfigurieren, dass sie den spezifischen Anforderungen der Umgebung entspricht, während gleichzeitig eine Sicherheitsgrundlage bereitgestellt wird.

Zusätzlich zu den standardmäßigen Ausnahmen und Regeln können Administratoren auch benutzerdefinierte Regeln implementieren, die spezifische IP-Adressen oder Dienste betreffen. Dies ermöglicht eine feinere Kontrolle über den Netzwerkverkehr und die Implementierung von Sicherheitsrichtlinien, die auf die jeweilige Infrastruktur abgestimmt sind.

## 17.3 Logging Konfigurieren

Um das Logging in der Proxmox-Node-Firewall zu konfigurieren, gebe ich Ihnen als Beispiel meine Konfiguration. Wir haben zu Beginn des Buches die Firewall auf dem Node aktiviert. Dort haben wir die

Direction IN für den Proxmox-GUI-Port 8006 und den SSH-Port 22 auf »accept« gesetzt, damit der Zugriff auf die Shell und die Proxmox-Weboberfläche gewährleistet bleibt.

Um nun die Logging-Einstellungen vorzunehmen, gehen Sie zurück zu Datacenter, dann zu Node und klicken auf Firewall. Doppelklicken Sie auf die Regel für den SSH-Port 22. Es öffnet sich das Edit: Rule-Fenster. Klicken Sie unten neben dem OK-Button auf »Advanced« und setzen Sie dort ein Häkchen, damit die erweiterten Konfigurationen angezeigt werden. Bei »Log Level« kann dann der Eintrag »emerg« gewählt werden. Klicken Sie auf OK, um die Änderungen zu speichern. Wiederholen Sie diesen Schritt für die Regel des Ports 8006.

Mit dieser Konfiguration sind die Log-Level für diese Ports auf »emerg« gesetzt. Wenn nun Zugriffe auf diese Ports erfolgen, werden diese in den Logs als schwerwiegende Ereignisse protokolliert. Diese Vorgehensweise hilft Ihnen, kritische Zugriffe schnell zu identifizieren und zu überwachen.

Dies ist nur ein Beispiel, um zu veranschaulichen, wie Sie das Logging in Ihrer Proxmox-Umgebung konfigurieren können. Ich empfehle Ihnen, sich intensiver über die verschiedenen Log-Level zu informieren, da diese entscheidend für die Überwachung und Fehlerdiagnose in Ihrer Infrastruktur sind. Die unterschiedlichen Log-Level bieten Ihnen die Flexibilität, genau festzulegen, welche Art von Informationen protokolliert werden sollen und welche Ereignisse besondere Aufmerksamkeit erfordern.

Es ist wichtig zu beachten, dass das Thema Log-Level sehr umfassend ist und hier nicht vollständig behandelt werden kann. In Proxmox haben Sie die Möglichkeit, auf jeder Firewall-Ebene – sei es auf Datacenter-, Node-, VM- oder CT-Ebene – spezifische Log-Level für die einzelnen Ports festzulegen. Diese Anpassungen ermöglichen eine feingranulare Kontrolle über die Protokollierung und helfen Ihnen, die für Ihre Umgebung relevanten Informationen zu erfassen.

Indem Sie die Log-Level entsprechend konfigurieren, können Sie wertvolle Einblicke in den Netzwerkverkehr gewinnen und sicherstellen, dass Sie schnell auf potenzielle Probleme reagieren können. Nutzen Sie die Gelegenheit, sich in die Dokumentation von Proxmox und andere Ressourcen zu vertiefen, um ein besseres Verständnis für die Funktionsweise der Logs und deren optimale Nutzung zu erlangen.

## 17.4 Empfohlene Log Einstellungen (Beispiel)

In einer produktiven Umgebung mit mehreren VMs und CTs, insbesondere wenn es sich um sensible Systeme wie Webserver, Datenbankserver und Windows-Umgebungen mit persönlichen Daten handelt, ist es entscheidend, angemessene Log-Level-Einstellungen zu wählen. Hier sind einige empfohlene Log-Level für verschiedene Szenarien:

1. emerg: Es sollte nur für schwerwiegende Fehler verwendet werden, die sofortige Maßnahmen erfordern. Da solche Ereignisse selten auftreten, könnte dieses Level für kritische Systeme wie Datenbankserver reserviert werden, um sicherzustellen, dass alle ernsthaften Probleme sofort erkannt werden.

2. alert: Dieses Level ist nützlich für Zustände, die umgehend behandelt werden müssen. Bei sensiblen Systemen könnte dieses Log-Level für VMs eingestellt werden, die öffentliche Dienste bereitstellen, wie Webserver, um sicherzustellen, dass potenzielle Sicherheitsvorfälle zeitnah identifiziert werden.

3. crit: Dieses Log-Level eignet sich für kritische Bedingungen, die die Funktionalität des Systems gefährden könnten. Es kann für alle Server verwendet

werden, um sicherzustellen, dass schwerwiegende Probleme schnell behoben werden.

4. err: Für allgemeine Fehler, die jedoch nicht sofort kritisch sind, ist dieses Level hilfreich, um kleinere Probleme zu überwachen. Es ist ratsam, dieses Level für alle VMs und CTs zu setzen, um potenzielle Störungen frühzeitig zu erkennen.

5. warning: Diese Logs können nützlich sein, um vor möglichen Problemen zu warnen, die in Zukunft zu schwerwiegenden Fehlern führen könnten. Eine Konfiguration auf diesem Level für Systeme, die regelmäßige Updates benötigen, kann von Vorteil sein.

6. info: Für allgemeine Informationen über den Betrieb der Systeme kann dieses Level hilfreich sein, um einen Überblick über die Aktivitäten in Ihrer Umgebung zu behalten. Besonders wichtig für administrative VMs und Systeme, die tägliche Aktivitäten protokollieren.

7. debug: Dieses Level sollte eher in Test- und Entwicklungsumgebungen eingesetzt werden, da es sehr detaillierte Informationen bereitstellt. In einer Produktionsumgebung kann es zu einer Überflutung der Logs führen.

Diese Log-Level-Einstellungen bieten eine ausgewogene Überwachung, die sowohl sicherheitsrelevante als auch operationale Aspekte der Proxmox-Umgebung berücksichtigt. Es ist wichtig, die spezifischen Anforderungen Ihrer Infrastruktur zu bewerten und die Log-Level entsprechend anzupassen, um eine effektive Sicherheitsüberwachung zu gewährleisten. Für detaillierte Informationen über die Proxmox-Firewall und Logging-Einstellungen können Sie die offizielle Proxmox-Dokumentation konsultieren.

### 17.4.1 Weitere Beispiele

Wenn Sie beispielsweise VMs laufen haben, die auf verschiedenen Ports lauschen, sind die richtigen Log-Level-Einstellungen auf deren Firewalls entscheidend, um die Sicherheit und Funktionsfähigkeit der Dienste zu gewährleisten. Hier sind einige empfohlene Log-Level-Einstellungen für die genannten Ports, zusammen mit Beispielen, um den Nutzen jeder Einstellung zu verdeutlichen.

Für Port 22 (SSH) sollten Sie das Log-Level auf alert einstellen. Dies hilft, unautorisierte Zugriffsversuche zu erkennen. Wenn jemand versucht, sich mit falschen Anmeldeinformationen anzumelden, wird dies protokolliert, und Sie können sofort reagieren, um mögliche Angriffe zu verhindern.

Für Port 3389 (RDP) empfiehlt sich ebenfalls das Log-Level alert. RDP ist oft ein Ziel für Brute-Force-Angriffe. Durch die Protokollierung können Sie verdächtige Anmeldeversuche schnell identifizieren und geeignete Maßnahmen ergreifen.

Port 68 (DHCP) sollte mit dem Log-Level info konfiguriert werden. Dies ermöglicht Ihnen, allgemeine Informationen über IP-Zuweisungen und DHCP-Anfragen zu erhalten, ohne dass kritische Informationen über das Netzwerk verloren gehen.

Port 80 (HTTP) kann mit dem Log-Level info oder warning eingestellt werden. Diese Protokollierung bietet Einblicke in den Webverkehr und kann dabei helfen, potenzielle Sicherheitsprobleme zu identifizieren, z. B. ungewöhnliche Zugriffsmuster.

Für Port 110 (POP3) und Port 143 (IMAP) ist es ratsam, das Log-Level auf err zu setzen. Dies hilft dabei, Fehlermeldungen zu erfassen, die auf Probleme mit E-Mail-Zugriffen hinweisen.

Port 443 (HTTPS) sollte auf alert eingestellt werden, um Sicherheitsvorfälle in Bezug auf verschlüsselten Webverkehr zu protokollieren. Ungewöhnliche Zugriffsversuche auf sichere Verbindungen sind oft Indikatoren für potenzielle Angriffe.

Für Port 3306 (MySQL) ist ein Log-Level von warning sinnvoll. Damit können Sie ungewöhnliche Aktivitäten oder Fehler bei Datenbankabfragen überwachen.

Port 5432 (PostgreSQL) sollte ebenfalls mit warning konfiguriert werden, um potenzielle Sicherheitsprobleme oder Leistungsengpässe bei der Datenbanküberwachung zu erfassen.

Port 6379 (Redis) ist ein weiteres Beispiel, bei dem das Log-Level auf err eingestellt werden kann, um Fehlermeldungen zu protokollieren, die auf Verbindungsprobleme oder andere kritische Fehler hinweisen.

Für Port 8080 (HTTP, alternative) ist das Log-Level info oder warning empfehlenswert, um den Datenverkehr über alternative HTTP-Dienste zu überwachen.

Port 1521 (Oracle-Database) sollte auf alert eingestellt werden, um kritische Sicherheitsereignisse oder

Fehler bei Verbindungen zur Oracle-Datenbank zu erkennen.

Port 5000 (Flask) kann mit info konfiguriert werden, um allgemeine Informationen über die Anwendung zu protokollieren, während Port 5001 (Flask, Debug) auf debug gesetzt werden kann, um detaillierte Debugging-Informationen während der Entwicklung zu erhalten.

Port 27017 (MongoDB) sollte mit warning eingestellt werden, um potenzielle Sicherheitsvorfälle bei Datenbankzugriffen zu protokollieren.

Für Port 8081 (HTTP, alternative) ist ein Log-Level von info oder warning ratsam, um den Verkehr zu überwachen.

Port 49152 (UPnP) sollte auf alert eingestellt werden, um kritische Ereignisse zu protokollieren, die mit dieser Art von Netzwerkdiensten verbunden sind.

Port 8088 (HTTP, alternative) kann mit info konfiguriert werden, um allgemeinen Webverkehr zu erfassen.

Für Port 9000 (Minio) wäre das Log-Level info oder warning angemessen, um allgemeine Informationen und potenzielle Probleme zu protokollieren.

Schließlich sollte Port 50000 (SAP) auf alert eingestellt werden, um sicherzustellen, dass kritische Ereignisse im Zusammenhang mit SAP-Zugriffen schnell erkannt werden.

Diese Empfehlungen helfen Ihnen, die Log-Level für Ihre Firewalls so einzustellen, dass Sie wichtige Informationen erfassen und potenzielle Sicherheitsvorfälle schnell identifizieren können.

## 17.5 Fail2Ban

Fail2Ban ist ein effektives Intrusion Prevention System, das dazu dient, Server vor automatisierten Angriffen, insbesondere Brute-Force-Attacken, zu schützen. Es überwacht Server-Logs und blockiert IP-Adressen, die verdächtige Aktivitäten zeigen, wie wiederholte fehlerhafte Anmeldeversuche.

Die Funktionsweise von Fail2Ban basiert auf dem Scannen von Log-Dateien mithilfe von regulären Ausdrücken (Regex), um spezifische Muster zu identifizieren. Wenn eine IP-Adresse eine vordefinierte Anzahl von Fehlversuchen innerhalb eines bestimmten Zeitraums überschreitet, wird sie vorübergehend gesperrt. Fail2Ban fügt dann automatisch Regeln in die Firewall ein, um den Zugang dieser IP zu verhindern.

Ein typisches Beispiel für die Verwendung von Fail2Ban wäre der Schutz eines SSH-Servers. Wenn ein Angreifer versucht, sich mehrfach mit falschen Anmeldedaten einzuloggen, registriert Fail2Ban diese Versuche und sperrt die IP-Adresse des Angreifers, bevor er Schaden anrichten kann. Diese automatisierten Schutzmaßnahmen erhöhen die Sicherheit eines Servers erheblich und machen es Angreifern schwerer, erfolgreich einzudringen.

Darüber hinaus kann Fail2Ban so konfiguriert werden, dass es nicht nur für SSH, sondern auch für andere Dienste wie FTP, HTTP und viele weitere Protokolle funktioniert. Es ist anpassbar und ermöglicht die Erstellung von benutzerdefinierten Filtern, um spezifische Log-Muster zu erkennen, die für die jeweilige Umgebung relevant sind.

Die Protokolle, die Fail2Ban generiert, bieten wertvolle Einblicke in verdächtige Aktivitäten und ermöglichen eine effiziente Reaktion auf potenzielle Sicherheitsvorfälle. Durch den Einsatz von Fail2Ban in Kombination mit einer starken Firewall und weiteren

Sicherheitsmaßnahmen können Administratoren die Resilienz ihrer Serverumgebungen erheblich verbessern.

Für detaillierte Anleitungen zur Installation und Konfiguration von Fail2Ban können Sie die entsprechenden Ressourcen und Tutorials im Internet konsultieren.

Wenn Fail2Ban installiert und konfiguriert ist, greift es auf die Protokolle zu, die von der Proxmox-Firewall generiert werden. Fail2Ban überwacht spezifische Log-Dateien, um Anzeichen von unbefugten Zugriffsversuchen oder anderen verdächtigen Aktivitäten zu identifizieren. In einer Proxmox-Umgebung können Logs wie /var/log/auth.log oder /var/log/daemon.log analysiert werden, um zu erkennen, wenn wiederholt fehlgeschlagene Anmeldeversuche auftreten.

Fail2Ban verwendet diese Log-Dateien, um IP-Adressen, die zu viele Fehlversuche erzeugen, vorübergehend zu sperren. Durch die Konfiguration der Filter und Jails in Fail2Ban können Sie genau festlegen, welche Log-Einträge überwacht werden sollen und unter welchen Bedingungen eine IP-Adresse gesperrt wird.

In der Regel wird eine Filterkonfiguration für Proxmox erstellt, die auf spezifische Log-Einträge für Authentifizierungsfehler achtet, um sicherzustellen, dass unautorisierte Zugriffsversuche schnell erkannt und behandelt werden.

Wenn Sie weitere Informationen zur Konfiguration und Nutzung von Fail2Ban in Proxmox wünschen, finden Sie detaillierte Anleitungen in der Proxmox-Dokumentation und entsprechenden Tutorials.

## 17.6 Eigene Notizen

# Eigene Notizen

## 18. Praktische Anwendungsbeispiele

Ich führe Sie durch, wie Sie Regeln für Web-Server und Remote-Zugänge festlegen und VPN-Verbindungen sauber integrieren.

### 18.1 Regeln für Web-Server

Wenn wir einen Web-Server betreiben, stehen wir schnell im Fokus, denn Webseiten sind nun mal öffentlich zugänglich. Die große Frage lautet: Wie stellen wir sicher, dass nur erwünschter Traffic unseren Web-Server erreicht? Hier kommt die Firewall ins Spiel. Mit ein paar Grundregeln legen wir das Fundament:

1. HTTP und HTTPS erlauben: Der Web-Server muss Anfragen über Port 80 (HTTP) und Port 443 (HTTPS) akzeptieren, damit Nutzer darauf zugreifen können. Da ist es praktisch, diese Ports in der Firewall gezielt freizugeben. Wenn wir noch strenger vorgehen möchten, erlauben wir nur HTTPS, um die Verbindung zu verschlüsseln und die Sicherheit zu erhöhen.

2. Management-Zugänge einschränken: Ein Web-Server ist meist mit einer Verwaltungsoberfläche ausgestattet, sei es cPanel oder ein eigenes Interface. Solche Admin-Zugänge sind der Jackpot für Angreifer.

Am besten legen wir daher eine Firewall-Regel fest, die diese Zugänge nur von bestimmten IP-Adressen zulässt – am besten die des Admins, der den Web-Server verwaltet. Wir wollen schließlich keine Fremden im Maschinenraum.

3. IP-Filter für Länder: Falls der Web-Server nur in bestimmten Ländern genutzt werden soll, lohnt sich ein Ländervergleich in der Firewall. Länder-Blockierungen können uns vor Traffic schützen, der potenziell gefährlich ist und unsere Serverressourcen belastet.

### 18.1.1 Beispiel 1: HTTP und HTTPS erlauben

Gehen Sie zu Datacenter, wählen Sie den Node, dann die VM oder den CT und öffnen Sie die Firewall-Einstellungen. Fügen Sie eine Regel hinzu, um die Ports 80 (HTTP) und 443 (HTTPS) freizugeben. Wenn nur HTTPS-Verbindungen zulässig sein sollen, öffnen Sie ausschließlich Port 443.

### 18.1.2 Beispiel 2: Zugänge einschränken

Gehen Sie zu Datacenter, wählen Sie den Node, dann die VM oder den CT und öffnen Sie die Firewall-Einstellungen. Fügen Sie eine Regel hinzu, die den Zugang zur Verwaltungsoberfläche nur für bestimmte

IP-Adressen erlaubt, um nur autorisierten Admin-Zugriff zu gewähren.

Um den Management-Zugang auf bestimmte IP-Adressen einzuschränken, gehen Sie zu Datacenter, wählen Sie den entsprechenden Node, dann die gewünschte VM oder den CT und öffnen die Firewall-Einstellungen. Erstellen Sie eine neue Regel:

Action: ACCEPT
Protocol: TCP
Destination Port: Geben Sie den Port der Verwaltungs-oberfläche ein, z. B. 8006 für Proxmox-Web-GUI
Source: Die erlaubte IP-Adresse, z. B. 192.168.1.10
Comment: »Admin-Zugang eingeschränkt auf bestimmte IP«

Setzen Sie die Standardrichtlinie der Firewall auf »DROP«, um alle anderen Zugriffe zu blockieren.

## 18.2 Remote-Zugänge

Die Sache mit den Remote-Zugängen ist so eine Sache: Sie sind nützlich, aber ein Einfallstor für jeden, der sich unerlaubt Zugriff verschaffen will. Hier ein paar Tipps für den Remote-Zugriff über Proxmox:

1. SSH-Zugänge nur für Notfälle: Der SSH-Port (22) ist die Lieblingsanlaufstelle für Bots. Es ist ratsam, den Zugang zu deaktivieren, wenn er nicht dringend benötigt wird, oder den Standardport zu ändern. Zudem lässt sich der SSH-Zugang auf spezifische IP-Adressen begrenzen, falls es sich um wiederkehrende Admin-Zugriffe handelt. Eine Alternative wäre die Authentifizierung über Schlüsselpaare, wodurch ein Passwort allein nicht ausreicht, um Zugang zu erhalten.

2. Multi-Faktor-Authentifizierung (MFA): Falls der Remote-Zugang über eine Web-Oberfläche oder ein VPN erfolgt, sollte MFA Pflicht sein. So stellen wir sicher, dass ein Passwort alleine nicht genügt – und das ist bereits die halbe Miete.

3. Zeitbasierte Zugänge: Ein cleverer Trick ist die zeitliche Begrenzung von Remote-Zugriffen. Wenn zum Beispiel Wartungsarbeiten nur nachts stattfinden, lässt sich eine Regel erstellen, die den Zugang nur in diesen Stunden erlaubt.

## 18.3 VPN-Integration

Ein VPN (Virtual Private Network) sorgt dafür, dass unsere Verbindung zu Proxmox und den virtuellen Maschinen sicher und geschützt bleibt. Wer über ein

VPN auf das System zugreift, bekommt von außen eine verschlüsselte Verbindung, die wie ein Tunnel funktioniert und neugierige Blicke abwehrt.

1. VPN-Server einrichten: Proxmox bietet keine integrierte VPN-Lösung, aber mit Tools wie OpenVPN oder WireGuard lässt sich schnell ein VPN-Server einrichten, der für Proxmox optimiert ist. Das VPN kann dann als einzige Verbindungsmöglichkeit für Remote-Administratoren dienen.

2. Zugriffsbeschränkung über das VPN: Sobald das VPN läuft, können wir eine Firewall-Regel erstellen, die den Zugriff auf bestimmte Dienste nur über dieses VPN erlaubt. Das ist eine zusätzliche Absicherung: Selbst wenn jemand die Zugangsdaten kennt, kommt er ohne das VPN nicht weit.

3. Ressourcen begrenzen: Eine VPN-Verbindung erlaubt zwar Zugriff, aber wir wollen nicht, dass sich hier ein Anwender aus Versehen zu viel nimmt. Begrenzen wir also den Traffic und die Bandbreite, damit auch bei mehreren Nutzern das Netzwerk nicht überlastet wird.

## 18.4 Eigene Notizen

## 19. Zukunftssicheres Netzwerkdesign

Zukunftssicheres Netzwerkdesign bedeutet, ein Netzwerk zu schaffen, das nicht nur den heutigen Anforderungen entspricht, sondern auch für zukünftige Erweiterungen, steigende Nutzerzahlen und wachsende Datenmengen gewappnet ist. Unternehmen, die langfristig erfolgreich sein wollen, müssen darauf achten, dass ihre Netzwerke skalierbar und flexibel bleiben. Hier kommen zwei wesentliche Aspekte ins Spiel: Eine Infrastruktur, die sich leicht an veränderte Anforderungen anpassen lässt, und ein Firewall-Setup, das mehrere Standorte und Cluster zuverlässig schützt.

### 19.1 Infrastruktur skalieren

Bei der Skalierung geht es darum, sicherzustellen, dass ein Netzwerk mit den Anforderungen wächst. Das betrifft Hardware, Protokolle und den allgemeinen Netzwerkaufbau. Ein skalierbares Netzwerk kann neue Knoten, Benutzer und Workloads integrieren, ohne dass es zu Engpässen oder Leistungseinbußen kommt. Schauen wir uns das genauer an:

Modularität durch Virtualisierung und Containerisierung: Der Einsatz von virtuellen Maschinen (VMs) und Containern erlaubt es, die vorhandene Hardware effizienter zu nutzen und neue Dienste schnell bereitzustellen. Wenn das Netzwerk zusätzliche Kapazität benötigt, lassen sich VMs oder Container leicht skalieren, ohne dass physische Hardware installiert werden muss. Container-Technologien wie Kubernetes bieten hier eine flexible Lösung, um Netzwerke und Anwendungen dynamisch an wechselnde Lasten anzupassen.

Load Balancer für höhere Verfügbarkeit: Ein Load Balancer verteilt die Anfragen der Benutzer auf mehrere Server. Das ist besonders dann sinnvoll, wenn die Nutzeranzahl steigt oder neue Dienste hinzugefügt werden. Load Balancer sorgen dafür, dass keine Überlastung eines einzelnen Servers stattfindet und die Benutzer immer die bestmögliche Antwortzeit erhalten.

Flexible Verkabelung und Switch-Architektur: Ein oft vernachlässigter Punkt ist die Verkabelung. Wer heute in moderne Glasfaser-Infrastrukturen investiert, schafft eine solide Basis für die kommenden Jahre. Ebenso wichtig sind modulare und stapelbare Switches, die es ermöglichen, neue Geräte ohne großen Aufwand anzuschließen und dabei dennoch die Netzwerkleistung stabil zu halten.

Software-defined Networking (SDN): Mit SDN wird das Netzwerk zentral verwaltet und gesteuert. Das bedeutet, dass Änderungen nicht mehr lokal, sondern in einer zentralen Steuerungseinheit vorgenommen werden können. Ein großer Vorteil: Das Netzwerk lässt sich über Software leicht anpassen und optimieren. SDN ist besonders vorteilhaft für Unternehmen mit verteilten Standorten, da sie ihre Netzwerke zentral steuern und verwalten können.

Netzwerk-Monitoring für vorausschauende Planung: Monitoring-Tools bieten einen umfassenden Überblick über die Netzwerkleistung und zeigen frühzeitig Engpässe oder Probleme an. Dadurch können Administratoren das Netzwerk proaktiv anpassen, bevor es zu Ausfällen kommt. Ein modernes Netzwerk-Monitoring ist entscheidend, um die Infrastruktur stets am Laufen zu halten und gezielt zu optimieren.

## 19.2 Firewall-Setup für Cluster und Multi-Site

Mit steigender Netzwerkkomplexität und verteilten Standorten steigt auch die Herausforderung, das Netzwerk sicher zu halten. Besonders Cluster-Setups und Multi-Site-Umgebungen stellen eine spezielle Anforderung an das Firewall-Design. Es gilt, Daten und Anwendungen vor externen und internen Bedrohungen zu schützen, während gleichzeitig die Netzwerkperformance nicht beeinträchtigt wird.

Zentralisierte Verwaltung und Automatisierung: Bei Netzwerken, die auf mehrere Standorte verteilt sind, wird die Verwaltung schnell unübersichtlich. Eine zentralisierte Firewall-Verwaltung erlaubt es, Sicherheitsrichtlinien über ein zentrales Interface für alle Standorte zu erstellen und zu überwachen. Automatisierungslösungen sorgen dafür, dass Regeln schnell und zuverlässig an alle relevanten Firewalls im Netzwerk verteilt werden, was bei großen Multi-Site-Umgebungen die Sicherheit und Effizienz steigert.

Redundanz und Ausfallsicherheit: Firewalls sollten in Cluster-Umgebungen redundant ausgelegt sein, um Ausfälle zu vermeiden. Hier kommt die sogenannte High Availability (HA)-Technik ins Spiel, bei der mehrere Firewalls als Cluster betrieben werden. Fällt eine Firewall aus, übernimmt sofort eine andere, ohne dass die Netzwerkverbindung unterbrochen wird. Ein weiteres Plus: Die Last wird verteilt, sodass jede Firewall weniger beansprucht wird.

Inter-Site-VPNs für sichere Kommunikation: Wenn mehrere Standorte miteinander kommunizieren müssen, ist ein VPN (Virtual Private Network) die

Lösung. Ein Inter-Site-VPN verschlüsselt den Datenverkehr zwischen den Standorten und stellt sicher,
dass nur autorisierte Geräte und Benutzer auf das
Netzwerk zugreifen können. Der Datenverkehr wird
dabei über verschlüsselte Tunnel geleitet, sodass sich
sensible Informationen auch über das Internet sicher
transportieren lassen.

Firewall-Regeln für Cluster: In einer Cluster-
Umgebung müssen Firewall-Regeln so konfiguriert
werden, dass sie den Traffic zwischen den einzelnen
Knoten regeln, ohne ihn zu blockieren. Hierbei ist es
wichtig, dass die Kommunikation innerhalb des Clusters als »vertrauenswürdig« eingestuft wird, um eine
reibungslose Datenübertragung zwischen den Knoten
zu ermöglichen. Gleichzeitig sollten die Regeln jedoch
auch so angepasst werden, dass unbefugte Zugriffe
blockiert werden.

Zero Trust Architecture (ZTA): In Multi-Site-
Umgebungen gewinnt das Konzept der Zero Trust
Architecture zunehmend an Bedeutung. Hierbei wird
jede Kommunikation überprüft und authentifiziert,
bevor der Zugriff gewährt wird. Das bedeutet, dass
selbst intern nur dann Verbindungen zugelassen
werden, wenn sie den Sicherheitsrichtlinien entsprechen. Zero Trust ist ideal für Unternehmen, die meh-

rere Standorte oder Cloud-Dienste integrieren müssen, da es maximale Kontrolle über den Zugriff ermöglicht.

## 19.3 Eigene Notizen

## 20. Backup, Wiederherstellung Firewall-Konfig

Ein stabiles Backup und die Möglichkeit zur Wiederherstellung sind in jeder IT-Infrastruktur unverzichtbar, und bei der Firewall-Konfiguration gilt das ganz besonders. In einer Umgebung wie Proxmox, in der viele virtuelle Maschinen und Container auf eine funktionierende Netzwerkverbindung angewiesen sind, ist die korrekte Konfiguration der Firewall das Rückgrat der Sicherheit. Ein einziger Konfigurationsfehler kann weitreichende Auswirkungen haben und möglicherweise den Zugriff auf das gesamte System blockieren. Daher ist es ratsam, sich mit den Möglichkeiten und Methoden zur Sicherung und Wiederherstellung der Firewall-Konfiguration auseinanderzusetzen.

Zunächst einmal ist es wichtig, die vorhandenen Backup-Optionen zu verstehen. Proxmox bietet standardmäßig die Möglichkeit, die komplette Systemkonfiguration, einschließlich der Firewall-Einstellungen, zu sichern. Das bedeutet, dass wir bei einem Systemausfall oder einer fehlerhaften Konfiguration die Möglichkeit haben, die letzten funktionierenden Einstellungen wiederherzustellen. Eine regelmäßige Sicherung ist dabei unerlässlich, besonders wenn wir in einer Umgebung arbeiten, in der häufige Änderungen an den Firewall-Regeln vorgenommen werden. So können wir sicherstellen, dass wir immer auf eine kürzlich erstellte, aktuelle Kopie unserer Einstellungen zugreifen können.

Für ein vollständiges Backup der Firewall-Konfiguration stehen verschiedene Methoden zur Verfügung. Die sicherste und einfachste Methode ist das Anlegen einer vollständigen VM, CT Systemkopie über die Proxmox-Backup-Funktion. Hierbei werden die Firewall-Regeln im Rahmen des gesamten Systemzustands gesichert. Im Ernstfall lässt sich dann die gesamte Konfiguration, inklusive aller Firewall-Regeln, auf den Stand des letzten Backups zurücksetzen. Der Nachteil dieser Methode ist jedoch, dass alle Änderungen, die nach dem letzten Backup vorgenommen wurden, ebenfalls zurückgesetzt werden. Das bedeutet, dass eine inkrementelle Sicherung, also das regelmäßige Speichern von kleineren Konfigurationsänderungen, hilfreich sein kann, wenn wir nur die Firewall-Konfiguration gezielt wiederherstellen wollen.

Neben der Systemsicherung bietet Proxmox die Möglichkeit, spezifische Konfigurationsdateien manuell zu sichern. Hier kommen die eigentlichen Firewall-Regeln ins Spiel, die als Dateien auf dem System gespeichert werden. Durch das Kopieren dieser Konfigurationsdateien in regelmäßigen Abständen können wir spezifische Backups der Firewall-Regeln erstellen, die unabhängig von der restlichen System-konfiguration gespeichert werden. Das erlaubt eine gezielte Wiederherstellung der Firewall, ohne dass die übrigen Einstellungen zurückgesetzt werden müssen. Dabei ist es wichtig, diese Dateien an einem sicheren Ort außerhalb des Proxmox-Systems zu speichern, um sicherzustellen, dass sie im Ernstfall zugänglich blei-ben.

Die Wiederherstellung der Firewall-Konfiguration kann in Proxmox auf zwei Wegen erfolgen. Der erste Weg besteht darin, ein vollständiges System-Backup wieder einzuspielen, was im Notfall die schnellste Lösung darstellt. Doch wie erwähnt, gehen bei dieser Methode auch alle anderen Systemeinstellungen ver-loren, die nach dem letzten Backup vorgenommen wurden. Alternativ kann die manuelle Wiederherstel-lung genutzt werden, indem die zuvor gesicherten Konfigurationsdateien zurückkopiert und die Firewall anschließend neu geladen wird. Diese Methode erfor-dert zwar etwas mehr technisches Wissen, bietet jedoch eine präzisere Kontrolle darüber, welche Regeln wiederhergestellt werden und welche Einstel-lungen unverändert bleiben.

Eine erfolgreiche Backup- und Wiederherstellungs-
strategie für die Firewall-Konfiguration in Proxmox
basiert auf einer Kombination aus regelmäßigen
System-Backups und gezielten Sicherungen der Fire-
wall-Dateien. Dadurch behalten wir die volle Kontrolle über unsere Sicherheitskonfiguration und minimieren das Risiko eines kompletten Systemausfalls
bei Konfigurationsfehlern.

Wer besonders vorsichtig vorgehen möchte, was ich
energisch empfehle, kann zusätzlich zu den regulären
Backups jede größere Änderung an der Firewall
dokumentieren und die jeweils angepassten Konfigurationsdateien separat speichern. Das kann insbesondere dann hilfreich sein, wenn komplexe Regeln
konfiguriert oder Änderungen für spezifische Dienste
vorgenommen werden. So behalten wir nicht nur die
Übersicht über alle Änderungen, sondern können auch
gezielt zu einem früheren Stand zurückkehren, falls
eine neue Regel das System unerwartet beeinflusst.

Es lässt sich sagen, dass eine durchdachte Backup-
Strategie für die Proxmox-Firewall nicht nur ein
beruhigendes Sicherheitsnetz bietet, sondern auch die
Flexibilität erhöht, bei Fehlern schnell zu reagieren.
Mit regelmäßigen Backups und der richtigen Struktur

bei der Wiederherstellung minimieren wir das Risiko für unsere Infrastruktur und stellen sicher, dass die Netzwerkverbindungen jederzeit sicher und stabil bleiben.

## 20.1 Config-Dateien in Proxmox

In Proxmox sind die Firewall-Regeln und Netzwerk-Konfigurationen in bestimmten Dateien im Dateisystem gespeichert.

Die Firewall-Konfigurationen auf der Datacenter-Ebene befinden sich in der Datei, die unter »/etc/pve/firewall/cluster.fw« gespeichert ist. Regeln, die speziell für einen Node gelten, sind in »/etc/pve/nodes/{nodename}/host.fw« hinterlegt, wobei »{nodename}« den Namen des jeweiligen Proxmox-Nodes bezeichnet. Für einzelne virtuelle Maschinen oder Container werden die Firewall-Regeln in der Datei »/etc/pve/firewall/{vmid}.fw« gespeichert, wobei »{vmid}« die ID der jeweiligen VM oder des Containers ist.

Die Netzwerkeinstellungen jedes Nodes sind im Verzeichnis »/etc/network/« abgelegt, mit der Datei »/etc/network/interfaces« als zentralem Speicherort für die Konfiguration aller Netzwerkschnittstellen des Nodes. Diese Datei enthält die Details sowohl für physische

Netzwerkkarten als auch für virtuelle Bridges, die von Proxmox genutzt werden, wie etwa »vmbro«, die Standard-Bridge für virtuelle Maschinen.

In einem Proxmox-Cluster werden diese Konfigurationsdateien über das verteilte Dateisystem von Proxmox verwaltet. Änderungen an der Firewall oder den Netzwerkeinstellungen sind daher unmittelbar für alle Nodes im Cluster verfügbar, die diese Konfigurationen verwenden.

## 20.2 Beispiel zur Sicherung der Config-Dateien

Um die Konfigurationsdateien der Firewall und des Netzwerks in Proxmox zu sichern, können die Dateien einfach mit dem Befehl »cp« auf ein anderes Laufwerk kopiert werden. Angenommen, das Zielverzeichnis für die Sicherung ist unter »mnt/backup-oo1« gemountet, lassen sich die benötigten Dateien durch gezielte Kopien sichern.

Die Datei für die Datacenter-Firewall liegt dabei unter »etc/pve/firewall/cluster.fw«. Für die Node-spezifischen Regeln, beispielsweise für einen Node namens »pveo1«, liegt die Konfiguration in »etc/pve/nodes/ pveo1/host.fw«. Die Regeln für eine VM oder einen Container mit der ID 100 finden sich in »etc/pve/firewall/100.fw«.

Die Netzwerkeinstellungen werden in der Datei »etc/network/interfaces« gespeichert, die ebenfalls durch Kopieren auf das Backup-Laufwerk gesichert werden kann. Mit diesen Schritten sind die Konfigurationen gesichert und stehen für den Fall eines Ausfalls oder einer fehlerhaften Konfiguration zur Verfügung.

Die Datei für die Datacenter-Firewall kann beispielsweise mit folgendem Befehl kopiert werden:
cp /etc/pve/firewall/cluster.fw /mnt/backup-001/firewall-backup/

Für die Node-spezifischen Regeln, zum Beispiel für einen Node namens »pve01«, lautet der Befehl:
cp /etc/pve/nodes/pve01/host.fw /mnt/backup-001/firewall-backup/

Die Regeln für eine VM oder einen Container mit der ID 100 lassen sich so kopieren:
cp /etc/pve/firewall/100.fw /mnt/backup-001/firewall-backup/

Um die Netzwerkeinstellungen zu sichern, kopieren Sie die Datei »/etc/network/interfaces« wie folgt:
cp /etc/network/interfaces /mnt/backup-001/network-backup/

Alle gesicherten Dateien werden nun im Verzeichnis »/mnt/backup-001« abgelegt. Durch diesen Schritt bleiben die Konfigurationen für den Fall eines Ausfalls oder einer fehlerhaften Konfiguration erhalten und können bei Bedarf wiederhergestellt werden.

## 20.3 Eigene Notizen

## 21. Automatisierung und Skripting

In Proxmox lässt sich die Firewall durch Automatisierung und Skripting effizient und gezielt verwalten.
Das spart Zeit, vor allem in großen Umgebungen mit
häufigen Änderungen. Eine automatisierte Verwaltung ist nicht nur zeitsparend, sondern erhöht auch
die Konsistenz der Firewall-Regeln und minimiert das
Risiko von Konfigurationsfehlern.

Mit Bash-Skripten und dem direkten Zugriff auf die
Konfigurationsdateien oder die API von Proxmox
können Administratoren beispielsweise Regeln für
mehrere Nodes gleichzeitig anwenden, Änderungen
regelmäßig durchführen oder spezifische Aktionen
automatisiert ausführen.

Ein einfaches Skript kann beispielsweise regelmäßig
alle Firewall-Konfigurationsdateien auf ein sicheres
Backup-Laufwerk kopieren. Für wiederkehrende
Änderungen oder Updates an den Regeln lässt sich ein
Skript schreiben, das vordefinierte Firewall-Regeln an
bestimmte VMs oder Container anpasst. Wenn in der
Infrastruktur neue VMs oder Container hinzukommen, kann das Skript diese automatisch in die
bestehenden Firewall-Gruppen und -Zonen integrieren.

Durch die Integration der Proxmox API in Automatisierungsskripte ist es auch möglich, Firewall-Einstellungen auf Basis spezifischer Ereignisse zu ändern, beispielsweise beim Starten oder Stoppen einer VM. Über die API lassen sich neue Regeln hinzufügen, bestehende bearbeiten oder gezielt prüfen, ob alle Nodes und VMs dieselben Sicherheitsrichtlinien verwenden. Mit einem Skript, das regelmäßig die Konsistenz der Firewall-Regeln prüft, lassen sich Abweichungen schnell erkennen und automatisch korrigieren, sodass die Firewall immer den gewünschten Zustand beibehält.

Die Automatisierung in Proxmox bietet einen flexiblen und leistungsfähigen Ansatz für die Verwaltung der Firewall, der sich besonders in komplexen Umgebungen und bei häufigen Änderungen auszahlt.

## 21.1 Beispiel Automatisierung

Stellen wir uns vor, Admin Bob hat 25 Windows-Server für die Büromitarbeiterinnen und Mitarbeiter in Proxmox aufgesetzt.

Um das Netzwerk für die Windows-Server in Proxmox sicher und effizient zu konfigurieren, muss Admin Bob zwei Hauptfunktionen gewährleisten: den Zugang der Mitarbeiter über das Remote Desktop Protocol (RDP) und die Möglichkeit, über das SMB-Protokoll auf freigegebene Dateien zuzugreifen. Dafür braucht es eine gezielte und konsistente Firewall-Konfiguration, die auf allen 25 Windows-Servern dieselben Regeln anwendet, um RDP und SMB gezielt freizugeben.

Proxmox bietet hier zwei Ansatzmöglichkeiten: Zum einen können die Firewall-Regeln direkt über die API oder die Shell-Befehle angepasst werden, zum anderen lassen sich Regeln in den Firewall-Konfigurationsdateien hinterlegen. In unserem Fall nehmen wir die zweite Variante und erstellen ein Shell-Skript, das auf allen Windows-Servern die notwendigen Ports für RDP und SMB freigibt.

RDP nutzt standardmäßig den Port 3389, während SMB die Ports 445 und 139 benötigt. Um sicherzustellen, dass nur diese Verbindungen möglich sind, richtet das Skript auf allen Windows-VMs exakt dieselben Regeln ein. Dabei wird der Netzwerkverkehr für RDP und SMB erlaubt, während alle anderen Verbindungen blockiert werden.

Natürlich hat Admin Bob, in 20 Minuten auf YouTube das Skripten gelernt und sogleich ein Shell-Skript dafür geschrieben:

```
#!/bin/bash

# Array mit den IDs der Windows-Server
windows_vm_ids=(101 102 103 104 105 106 107 108 109
110 111 112 113 114 115 116 117 118 119 120 121 122 123 124
125)

# Regeln definieren für RDP und SMB
for vm_id in »${windows_vm_ids[@]}«; do
# RDP-Port 3389 erlauben
echo »RDP Port für VM $vm_id freigeben«
pvesh set /nodes/{node_name}/qemu/$vm_id/fire-
wall/rules --type in --action ACCEPT --destport 3389
proto tcp --enable 1 --comment »Allow RDP for Win-
dows VM«

# SMB-Port 445 erlauben
echo »SMB Port für VM $vm_id freigeben«
pvesh set /nodes/{node_name}/qemu/$vm_id/fire-
wall/rules --type in --action ACCEPT --destport 445
--proto tcp --enable 1 --comment »Allow SMB for
Windows VM«
```

```
# Optional SMB-Port 139 erlauben für NetBIOS-Support
echo »SMB NetBIOS Port für VM $vm_id freigeben«
pvesh set /nodes/{node_name}/qemu/$vm_id/firewall/rules --type in --action ACCEPT --destport 139
--proto tcp --enable 1 --comment »Allow NetBIOS for SMB on Windows VM«

# Standardmäßig alle anderen eingehenden Verbindungen blockieren
echo »Alle anderen Verbindungen für VM $vm_id blockieren«
pvesh set /nodes/{node_name}/qemu/$vm_id/firewall/options --policy_in DROP
done
```

In diesem Skript sorgt die Schleife dafür, dass für jede VM im Array dieselben Regeln gesetzt werden. Das Skript gibt an, dass TCP-Port 3389 für RDP, sowie die Ports 445 und 139 für SMB und NetBIOS-Verbindungen freigegeben werden. Gleichzeitig wird als Default-Policy festgelegt, dass alle anderen eingehenden Verbindungen blockiert werden. Dies erhöht die Sicherheit und stellt sicher, dass nur die explizit erlaubten Dienste über die Firewall verfügbar sind. Admin Bob muss das Skript nur ausführen, und alle

Windows-Server erhalten die notwendigen Konfigurationen auf einmal.

Zu beachten ist, dass der {node_name} durch den tatsächlichen Namen des Proxmox-Nodes ersetzt werden muss, auf dem die VMs laufen. Das Skript lässt sich bei Bedarf flexibel anpassen, falls weitere Ports oder spezielle Regeln benötigt werden. Mit dieser Automatisierung kann Admin Bob die Firewall-Einstellungen jederzeit schnell und konsistent anpassen, ohne jede VM einzeln konfigurieren zu müssen.

Weitere Informationen dazu finden sie natürlich im Internet.

## 21.2 Eigene Notizen

# Eigene Notizen

## 22. Best Practices für produktiven Einsatz

Ein produktives Netzwerk verlangt von uns, dass wir uns in jeder Phase an einige zentrale Best Practices halten. In Proxmox bedeutet das, nicht nur das Netzwerk selbst zu konfigurieren, sondern auch sicherzustellen, dass alle VMs und Container innerhalb des Netzwerks optimal abgesichert und effizient verwaltet werden. Diese Best Practices sollen uns helfen, eine Umgebung zu schaffen, die zuverlässig, sicher und leicht erweiterbar ist, während gleichzeitig der Verwaltungsaufwand reduziert wird. Lassen Sie uns einige dieser Praktiken genauer unter die Lupe nehmen, um die produktive Nutzung in Proxmox zu optimieren.

Eine der wichtigsten Grundlagen ist die Konsistenz in der Firewall-Konfiguration. Wenn wir viele VMs und Container betreiben, wird es schnell unübersichtlich, und unterschiedliche Firewall-Regeln auf verschiedenen Systemen können zu Sicherheitslücken führen. Eine konsistente Firewall-Strategie sorgt dafür, dass alle VMs dieselben Sicherheitsstandards erfüllen und keine offenen Ports übersehen werden. Ein gutes Beispiel dafür ist das RDP- und SMB-Setup, das für alle Windows-Server eine einheitliche Konfiguration erhält. Dabei ist es ratsam, Regeln auf Node- oder

Datacenter-Ebene festzulegen und spezifische Abweichungen nur dann auf VM-Ebene einzubauen, wenn wirklich notwendig. Diese Regelkonsistenz senkt das Risiko und spart Zeit bei der Fehlerbehebung, da bei Problemen alle Systeme dieselben grundlegenden Einstellungen haben.

Ein weiteres Beispiel für produktive Konfigurationen in Proxmox ist die Nutzung von Security Groups. Anstatt für jede VM individuelle Regeln zu schreiben, können wir Security Groups nutzen, um Regeln zentral zu definieren und sie auf mehrere VMs gleichzeitig anzuwenden. Wenn beispielsweise alle Windows-Server im Netzwerk Zugriff auf einen Dateiserver benötigen, legen wir diese Regel einmalig in einer Security Group an und weisen sie den relevanten Maschinen zu. Diese Methode beschleunigt die Regelverwaltung und reduziert das Risiko, dass eine VM versehentlich ungeschützte Verbindungen zulässt.

Regelmäßige Backups und Dokumentation spielen ebenfalls eine zentrale Rolle im produktiven Betrieb. Ein Backup alleine ist zwar wichtig, aber ohne klare Dokumentation kann es schnell zu Chaos kommen, besonders wenn Änderungen an den Regeln vorgenommen wurden oder neue Maschinen hinzukommen. Ein Dokumentationsplan, der jede Änderung an der Firewall, dem Netzwerk oder den VMs nachverfolgt, hilft uns, bei einem Systemausfall gezielt und schnell zu reagieren. Die Dokumentation sollte nicht nur die bestehenden Regeln umfassen, sondern auch die letzten Änderungen und den Zeitpunkt des letzten Backups. Im Ernstfall wissen wir dann genau, welche Regeln und Konfigurationen wiederhergestellt werden müssen.

Ein oft übersehener Aspekt in produktiven Umgebungen ist das Monitoring der Netzwerkaktivität. Besonders in Proxmox, wo viele VMs gleichzeitig laufen, kann die Netzwerkbelastung schnell an ihre Grenzen kommen. Das regelmäßige Überwachen der Netzwerkleistung und der Zugriffsmuster ist daher entscheidend. Tools wie Prometheus oder Grafana bieten Monitoring-Lösungen, mit denen sich Auffälligkeiten wie plötzlich ansteigende Zugriffe auf bestimmte Ports schnell erkennen lassen. Wenn eine VM auffällig hohe Netzwerkaktivität zeigt, obwohl dort nur Basisdienste laufen sollten, könnte dies auf einen Sicherheitsvorfall hinweisen. Durch eine gezielte Überwachung und Alarmierungen lassen sich solche Vorfälle schnell identifizieren und beheben.

Segmentierung des Netzwerks ist ein weiterer Schritt, um die Sicherheit und Effizienz zu erhöhen. Dabei werden verschiedene VMs in separate Netzwerke oder VLANs gruppiert. Ein Beispiel: Wir könnten die Datenbank-Server in ein eigenes Segment setzen, das nur von den Web-Servern erreicht werden kann, während die Verwaltungszugänge für Admins in einem separaten Verwaltungsnetzwerk liegen. Diese Trennung sorgt dafür, dass ein Angriff auf einen Bereich des Netzwerks nicht direkt auf andere Bereiche übergreifen kann. Besonders in Proxmox lassen sich VLANs relativ einfach einrichten, wodurch VMs unterschiedlicher Kategorien in ihren eigenen Segmenten isoliert bleiben.

Zu guter Letzt hilft eine Automatisierung von Routineaufgaben, um die Effizienz im produktiven Einsatz zu steigern. Wenn bestimmte Regeln regelmäßig geändert oder erweitert werden, lassen sich diese Aufgaben durch einfache Skripte automatisieren, wie etwa das Setzen neuer Firewall-Regeln bei der Installation einer weiteren VM oder das regelmäßige Backup der Netzwerkeinstellungen. Automatisierung ist besonders dann nützlich, wenn viele VMs gleichzeitig betreut werden, da wiederkehrende Aufgaben so ohne zusätzlichen Arbeitsaufwand ausgeführt werden. Beispielsweise könnte ein Skript sicherstellen, dass alle VMs mit einem bestimmten Tag automatisch auf die richtige Firewall-Policy gesetzt werden, sodass keine Maschine ungeschützt bleibt.

Mit einer Kombination aus Konsistenz, Automatisierung, Segmentierung und Monitoring können wir sicherstellen, dass unsere Proxmox-Umgebung nicht nur sicher, sondern auch produktiv und übersichtlich bleibt. Die richtigen Best Practices sind nicht nur eine Frage der Sicherheit, sondern erleichtern auch den Alltag im produktiven Betrieb.

### 22.1 Eigene Notizen

# Eigene Notizen

## 23. Intrusion Detection und Prevention

Intrusion Detection und Prevention (IDP) sind essenzielle Mechanismen, um ein Netzwerk vor unerwünschten Zugriffen und Angriffen zu schützen. In einer Proxmox-Umgebung, die viele virtuelle Maschinen und Container verwaltet, ist der Einsatz von IDP-Techniken besonders sinnvoll, um potenzielle Angriffe frühzeitig zu erkennen und abzuwehren, bevor sie ernsthaften Schaden anrichten können.

Intrusion Detection (ID) bezieht sich dabei auf die Fähigkeit, verdächtige Aktivitäten im Netzwerk oder auf einem Host zu identifizieren, während Intrusion Prevention (IP) aktiv eingreift, um solche Aktivitäten zu unterbinden.

Eine Intrusion-Detection-Lösung überwacht den Netzwerkverkehr und die Systemaktivitäten auf Anomalien, die auf einen möglichen Angriff hindeuten könnten. Ein Beispiel wäre ein plötzlicher Anstieg an Login-Versuchen auf einer VM oder unerwartete Zugriffe auf sensible Ports, die normalerweise geschlossen oder ungenutzt sind. Hierbei lassen sich zwei Typen von Intrusion Detection unterscheiden: Host-basierte Intrusion Detection Systems

(HIDS), die speziell für einzelne Maschinen arbeiten, und Network-based Intrusion Detection Systems (NIDS), die den gesamten Netzwerkverkehr überwachen.

In Proxmox bietet es sich an, beide Ansätze zu kombinieren, da HIDS auf den einzelnen VMs ungewöhnliche Aktivitäten erkennen können, während NIDS auf Cluster-Ebene ungewöhnliche Netzwerkmuster aufdecken.

Ein gutes Beispiel für die Anwendung von Intrusion Detection in Proxmox ist der Einsatz eines HIDS wie OSSEC oder AIDE auf kritischen VMs, beispielsweise Datenbanken oder Web-Servern. Diese Tools überprüfen die Integrität der Dateien und können Administratoren sofort benachrichtigen, wenn verdächtige Änderungen auftreten. Auf Netzwerkebene lässt sich ein NIDS wie Snort oder Suricata einsetzen, das den Netzwerkverkehr auf spezifische Angriffsmuster analysiert und bei verdächtigen Aktivitäten Alarme auslöst. Beide Tools können so konfiguriert werden, dass sie bei bestimmten Ereignissen die Proxmox-Firewall automatisch anpassen und Ports blockieren, um weitere Zugriffe zu verhindern.

Intrusion Prevention geht einen Schritt weiter und ist
darauf ausgelegt, auf erkannte Bedrohungen sofort zu
reagieren, indem die Verbindungen entweder blockiert oder der Zugriff eingeschränkt wird. Ein häufiges Beispiel sind DoS- und DDoS-Angriffe, bei denen
große Mengen an Datenverkehr generiert werden, um
ein Netzwerk oder einen Server zu überlasten. Eine
Intrusion Prevention-Lösung könnte in diesem Fall
den Netzwerkverkehr automatisch drosseln oder verdächtige IP-Adressen blockieren. In Proxmox lässt
sich dies in Kombination mit der Firewall effizient
umsetzen.

Durch das Erstellen dynamischer Firewall-Regeln
kann das System verdächtige IP-Adressen automatisch auf eine Blacklist setzen, wenn bestimmte
Schwellenwerte überschritten werden, zum Beispiel
eine ungewöhnlich hohe Anzahl an Anfragen innerhalb kurzer Zeit.

Ein Beispiel für die Implementierung einer Intrusion-
Prevention-Strategie in Proxmox wäre die Integration
von Fail2Ban, das automatisch IP-Adressen blockiert,
wenn wiederholte fehlgeschlagene Login-Versuche
erkannt werden. Fail2Ban ist besonders praktisch für
die Absicherung von SSH-Zugängen und Verwaltungsinterfaces, da es automatisch reagiert, wenn ein

potenzieller Angriff wie ein Brute-Force-Angriff stattfindet. Es lässt sich so konfigurieren, dass es die Proxmox-Firewall nutzt, um betroffene IP-Adressen sofort
zu sperren und Administratoren über die Vorfälle zu
benachrichtigen.

Ein weiterer Ansatz für Intrusion Prevention ist der
Einsatz von sogenannten Honey Pots. Ein Honey Pot
ist ein absichtlich ungeschützter Bereich des Netzwerks, der als Köder für Angreifer dient. Sobald ein
Angreifer versucht, auf den Honey Pot zuzugreifen,
wird dieser Zugriff registriert und ausgewertet, ohne
dass der Angreifer auf echte Systeme zugreift. In einer
Proxmox-Umgebung könnte ein Honey Pot eingerichtet werden, indem eine VM bewusst ungeschützt
erscheint und auf bestimmten Ports lauscht. Jegliche
Aktivitäten auf dieser VM lassen sich dann detailliert
protokollieren und geben Aufschluss über die verwendeten Angriffsmethoden, ohne dass das eigent-
liche Netzwerk gefährdet wird. Ein Honey Pot kann
eine wertvolle Ergänzung zu IDP darstellen, da er
nicht nur Angriffe erkennt, sondern auch Informationen über die Taktiken und Techniken der Angreifer
liefert.

Zusammengefasst bietet Intrusion Detection und
Prevention in einer Proxmox-Umgebung eine wichtige

zusätzliche Sicherheitsebene. Mit einer Kombination aus HIDS, NIDS, dynamischen Firewall-Regeln und Automatisierung lassen sich verdächtige Aktivitäten frühzeitig erkennen und blockieren. Durch den Einsatz von Werkzeugen wie Fail2Ban oder Honey Pots wird die Erkennung und Abwehr von Angriffen noch effektiver. IDP ist damit ein unverzichtbares Werkzeug, um in einer komplexen Proxmox-Infrastruktur die Sicherheit zu gewährleisten und gleichzeitig flexibel auf neue Bedrohungen reagieren zu können.

## 23.1 Eigene Notizen

## Eigene Notizen

## 24. VPN-Protokolle und Verschlüsselung

VPN und Verschlüsselung sind zentrale Bestandteile jeder sicheren Netzwerkarchitektur, besonders in einer Umgebung wie Proxmox, wo Daten über Remote-Verbindungen und zwischen verschiedenen Standorten übertragen werden. Ein VPN (Virtual Private Network) verschlüsselt den Datenverkehr, sodass nur berechtigte Nutzer Zugriff auf die Netzwerkressourcen erhalten und externe Zugriffe von Unbefugten abgeblockt werden. In Proxmox bietet sich der Einsatz verschiedener VPN-Protokolle an, je nach Sicherheitsbedarf, Kompatibilität und gewünschter Geschwindigkeit.

Ein häufig verwendetes VPN-Protokoll ist OpenVPN, das sich durch Flexibilität und starke Sicherheitsstandards auszeichnet. OpenVPN ist auf vielen Plattformen verfügbar und unterstützt eine Vielzahl von Verschlüsselungsalgorithmen, darunter AES-256, das als besonders sicher gilt. In Proxmox ist OpenVPN eine der besten Optionen, wenn es darum geht, eine Remote-Verbindung zu einem Cluster oder einzelnen VMs herzustellen, da es sowohl hohe Sicherheit als auch eine akzeptable Performance bietet.

Die Flexibilität von OpenVPN zeigt sich auch darin, dass es sich leicht an spezifische Anforderungen anpassen lässt, etwa durch die Wahl von UDP- oder TCP-Verbindungen. Für eine gute Balance zwischen Sicherheit und Geschwindigkeit wird oft das UDP-Protokoll bevorzugt, da es geringere Latenzzeiten bietet und den Netzwerkverkehr weniger belastet.

Eine weitere Option ist IPsec, das häufig für die Verbindung zwischen Netzwerken oder Standorten verwendet wird, die eine hohe Sicherheit erfordern. IPsec arbeitet auf der Netzwerkebene und kann so eine größere Bandbreite an Anwendungen absichern, ohne dass diese spezifisch angepasst werden müssen.

Für Multi-Site-Setups in Proxmox ist IPsec eine hervorragende Wahl, da es in der Regel eine stabile und sichere Verbindung über das Internet ermöglicht und besonders in Verbindung mit dedizierten Firewalls effizient arbeitet. IPsec gilt als sehr sicher, da es verschiedene Verschlüsselungstechniken wie AES und SHA2 nutzt, die für ihre Widerstandsfähigkeit gegen Angriffe bekannt sind. Allerdings ist IPsec aufgrund seiner Komplexität etwas schwieriger einzurichten und kann im Vergleich zu anderen VPN-Protokollen höhere Anforderungen an die Netzwerkressourcen stellen.

WireGuard ist ein relativ neues VPN-Protokoll, das zunehmend an Beliebtheit gewinnt, da es im Vergleich zu älteren Protokollen eine einfachere Struktur und eine höhere Leistung bietet. WireGuard setzt auf moderne Verschlüsselungstechniken wie ChaCha20 für die Datenverschlüsselung und Poly1305 für die Authentifizierung, die besonders auf modernen Systemen wie Proxmox eine gute Performance bei gleichzeitig hoher Sicherheit bieten. Aufgrund der effizienten Code-Basis ist WireGuard weniger ressourcenintensiv und eignet sich gut für Proxmox-Setups, die eine hohe Geschwindigkeit bei gleichzeitig sicherer Verschlüsselung benötigen. Zudem ist WireGuard besonders einfach einzurichten und zu konfigurieren, was es zu einer idealen Wahl für Umgebungen macht, die hohe Ansprüche an Performance und Benutzerfreundlichkeit stellen. Die Einfachheit von WireGuard bringt jedoch auch Einschränkungen mit sich, etwa in Bezug auf Flexibilität und Protokolloptionen.

Unabhängig vom gewählten VPN-Protokoll ist die Wahl der Verschlüsselung entscheidend. Die meisten modernen VPNs setzen auf AES-256 als Standardverschlüsselung, da es als einer der sichersten Algorithmen gilt und sowohl durch hohe Geschwindigkeit als auch durch Zuverlässigkeit besticht. AES-256 ist daher in Proxmox-Umgebungen weit verbreitet, besonders wenn es darum geht, Daten zwischen verschiedenen Standorten zu sichern oder Remote-Administrationszugänge zu schützen. Auch bei der Wahl des Hash-Algorithmus, der zur Integritätssicherung der Daten verwendet wird, sollten sichere Optionen wie SHA-256 oder SHA-512 bevorzugt werden, um sicherzustellen, dass die Daten während der Übertragung nicht manipuliert werden können.

Ein wichtiges Konzept bei der VPN-Konfiguration ist das Perfect Forward Secrecy (PFS). PFS sorgt dafür, dass selbst bei einem kompromittierten Verschlüsselungsschlüssel nur die jeweilige Sitzung betroffen ist, während alle früheren und zukünftigen Sitzungen sicher bleiben. In Proxmox lässt sich PFS besonders leicht in Verbindung mit OpenVPN oder IPsec implementieren, da beide Protokolle PFS unterstützen und somit eine zusätzliche Schutzschicht bieten. Mit aktivierter PFS-Option wird für jede neue VPN-Sitzung ein temporärer Schlüssel erstellt, der sich nach Sitzungsende nicht mehr verwenden lässt. Dies erhöht die Sicherheit erheblich, besonders wenn der VPN-Zugang für mehrere Nutzer oder in Multi-Site-Umgebungen freigegeben ist.

Eine saubere Konfiguration der VPN-Protokolle und Verschlüsselungseinstellungen ist für Proxmox von zentraler Bedeutung, wenn es um Remote-Zugriffe und die Verbindung von verteilten Netzwerken geht. Die richtige Auswahl des VPN-Protokolls und der Verschlüsselungsmethoden bestimmt nicht nur die Sicherheit, sondern auch die Geschwindigkeit und Effizienz der Verbindungen. Ob OpenVPN für Flexibilität, IPsec für Multi-Site-Setups oder WireGuard für Geschwindigkeit und Einfachheit – jede Option bietet spezifische Vorteile, die sich in Proxmox gezielt für den produktiven Einsatz nutzen lassen.

## 24.1 Eigene Notizen

Eigene Notizen

## 25. VPN Server als VM

In einer Proxmox-Umgebung kann ein dedizierter VPN-Server als virtuelle Maschine aufgesetzt werden, der unter der Kontrolle eines Clusters steht. Diese Lösung bietet viele Vorteile, vor allem dann, wenn mehrere Standorte oder Remote-Benutzer sicher auf das Netzwerk zugreifen müssen. Ein VPN-Server als dedizierte VM innerhalb des Proxmox-Clusters bringt Flexibilität, zusätzliche Sicherheitskontrolle und ermöglicht eine zentrale Verwaltung des gesamten Remote-Zugriffs.

Ein dedizierter VPN-Server als VM hat den Vorteil, dass er unabhängig von den eigentlichen Produktions-systemen läuft. Dadurch wird die Netzwerkarchi-tektur weniger belastet, da alle eingehenden und aus-gehenden Verbindungen zentral über den VPN-Server geleitet werden, bevor sie auf andere Cluster-Nodes verteilt werden. Dieser VPN-Server kann zudem ver-schiedene Protokolle wie OpenVPN, WireGuard oder IPsec unterstützen, sodass sich die spezifischen Anforderungen an Sicherheit und Performance flexi-bel anpassen lassen. Ein Beispiel wäre die Implemen-tierung von OpenVPN auf einer VM, die den gesamten Remote-Zugriff der Mitarbeitenden steuert und gleichzeitig alle Verbindungen verschlüsselt.

Ein weiterer Vorteil eines dedizierten VPN-Servers im Cluster ist die hohe Verfügbarkeit. Wenn der VPN-Server in einer Cluster-Umgebung läuft, lässt er sich in der Regel problemlos von einem Node zum anderen verschieben, ohne dass es zu Verbindungsabbrüchen kommt. Im Falle eines Node-Ausfalls wird der VPN-Server automatisch auf einen anderen Node innerhalb des Clusters verschoben und startet dort neu. Diese Ausfallsicherheit ist besonders in produktiven Umgebungen wichtig, da Remote-Nutzer durchgehend Zugriff auf die Ressourcen im Netzwerk benötigen, selbst wenn es auf einem der Cluster-Nodes zu Problemen kommt.

Ein dedizierter VPN-Server in Proxmox bietet zudem die Möglichkeit, Netzwerkzugriffe feingranular zu steuern und zu segmentieren. So kann der VPN-Server beispielsweise Zugriff auf spezifische Netzwerksegmente gewähren, während andere Bereiche für Remote-Benutzer gesperrt bleiben. In einer Multi-Site-Umgebung lässt sich dadurch gezielt festlegen, welche Ressourcen an welchen Standorten verfügbar sein sollen. Dies erhöht die Sicherheit erheblich, da nur autorisierte Benutzer und Geräte auf bestimmte Netzwerksegmente zugreifen können. Ein dedizierter VPN-Server kann dabei wie eine zentrale Verwaltungseinheit fungieren, die auf alle Zugriffe und Aktivitäten der VPN-Nutzer ein wachsames Auge hat.

Auf der administrativen Seite bietet ein VPN-Server als VM viele Vorteile, wenn es um das Monitoring und die Protokollierung geht. Ein dedizierter VPN-Server ermöglicht es, detaillierte Logs über die Zugriffe und die Verbindungssicherheit zu führen. Dadurch kann der Administrator Einblick in die Aktivitäten der VPN-Nutzer erhalten, einschließlich der Verbindungshäufigkeit, der Verbindungsdauer und potenziellen Sicherheitsrisiken, wie zum Beispiel ungewöhnlich hohe Zugriffszahlen auf bestimmte Dienste. Durch die zentrale Überwachung des VPN-Traffics lassen sich Angriffe oder Unregelmäßigkeiten frühzeitig erkennen, und der Administrator kann entsprechende Maßnahmen ergreifen, wie etwa das temporäre Sperren verdächtiger IP-Adressen oder Nutzer.

Ein dedizierter VPN-Server im Proxmox-Cluster kann auch eine nützliche Rolle für die Verbindung zwischen verschiedenen Standorten spielen. Wenn mehrere Firmenstandorte über das VPN miteinander vernetzt werden sollen, lässt sich der dedizierte VPN-Server als Knotenpunkt konfigurieren, der alle Standorte sicher miteinander verbindet. So laufen alle Verbindungen zwischen den Standorten über das verschlüsselte VPN und werden zentral über den Server gesteuert. Diese Struktur minimiert die Angriffsfläche und bietet gleichzeitig eine stabile und sichere Verbindung, da der gesamte Traffic über die Proxmox-Umgebung gesichert ist.

Zusammengefasst bietet ein dedizierter VPN-Server als VM unter der Kontrolle eines Proxmox-Clusters eine skalierbare und ausfallsichere Lösung, die besonders in Umgebungen mit hohem Sicherheitsbedarf und mehreren Standorten von Vorteil ist. Die zentrale Verwaltung, hohe Flexibilität und die Kontrolle über Zugriffsrechte und Protokollierung machen diese Lösung ideal für den Einsatz in produktiven Netzwerken, die eine zuverlässige und jederzeit verfügbare VPN-Verbindung benötigen.

## 25.1 Eigene Notizen

## Eigene Notizen

## 26. Compliance und Protokollierung

Compliance und Protokollierung spielen eine zentrale Rolle in einer modernen IT-Infrastruktur, vor allem, wenn es um die Sicherheit und Verlässlichkeit eines Systems wie Proxmox geht. Unternehmen, die mit sensiblen Daten arbeiten, müssen sicherstellen, dass ihre Netzwerke den gesetzlichen Anforderungen entsprechen und den Schutz der Daten ihrer Nutzer und Kunden gewährleisten. Ein gut konfiguriertes Compliance- und Protokollierungssystem hilft dabei, Transparenz über alle Aktivitäten im Netzwerk zu schaffen und bei Bedarf nachvollziehbare Informationen für Audits und Prüfungen bereitzustellen.

Compliance bedeutet in diesem Kontext, dass alle technischen Maßnahmen, einschließlich der Firewall und des VPN-Zugangs, bestimmten Standards und gesetzlichen Vorgaben entsprechen. In Europa sind dies häufig die Datenschutz-Grundverordnung (DSGVO) und branchenspezifische Vorschriften, wie etwa ISO/IEC 27001 für Informationssicherheit oder das IT-Sicherheitsgesetz in Deutschland. In einer Proxmox-Umgebung lassen sich Compliance-Anforderungen durch klare Regelwerke und Sicherheitsstandards in der Firewall- und Netzwerk-Konfiguration umsetzen. Beispielsweise kann der

Zugriff auf bestimmte Systeme auf eine festgelegte Gruppe autorisierter Benutzer eingeschränkt werden, und die Protokollierung sorgt dafür, dass jede Zugriffsanfrage und jede Änderung nachvollziehbar ist.

Eine lückenlose Protokollierung ist das Rückgrat einer transparenten und konformen Netzwerkumgebung. Indem alle Netzwerkaktivitäten erfasst und gespeichert werden, können verdächtige Aktionen schnell erkannt und später detailliert untersucht werden. In Proxmox ist dies insbesondere in sicherheitskritischen Bereichen wie dem Zugriff auf Verwaltungsinterfaces oder dem Datenaustausch zwischen virtuellen Maschinen wichtig. Die Protokolle bieten hier wertvolle Informationen über den Zeitpunkt und die Art der Zugriffe und geben Aufschluss darüber, welche Nutzer oder Systeme Aktionen im Netzwerk ausgeführt haben. Dabei ist es sinnvoll, Protokollierungsdaten regelmäßig zu überprüfen und nach Mustern zu durchsuchen, die auf Sicherheitslücken oder unbefugte Zugriffe hinweisen könnten.
Eine strukturierte Protokollierung hilft zudem, Sicherheitsvorfälle frühzeitig zu erkennen und darauf zu reagieren, bevor größerer Schaden entstehen kann. Durch die detaillierte Aufzeichnung aller Anfragen und Aktivitäten innerhalb des Proxmox-Clusters

können Administratoren ungewöhnliches Verhalten im Netzwerk sofort sehen und abgleichen, ob eine bestimmte Aktion mit den Compliance-Richtlinien im Unternehmen übereinstimmt. Wenn zum Beispiel ein Nutzer versucht, auf Daten oder Dienste zuzugreifen, die ihm nicht zugewiesen sind, lässt sich dies direkt in den Logs nachverfolgen und sofortige Gegenmaßnahmen einleiten, wie das Sperren der betreffenden IP-Adresse oder das Erhöhen der Sicherheitsstufe.

Für die Protokollierung in einer Proxmox-Umgebung können externe Logging- und Monitoring-Tools integriert werden, die die Daten zentral sammeln und auswerten. Tools wie Graylog, ELK Stack oder Splunk ermöglichen eine visuelle Aufbereitung und helfen dabei, Compliance-Reports zu erstellen, die bei Audits und Überprüfungen vorgelegt werden können. Diese Art der zentralisierten Protokollierung erlaubt es dem Administrator, alle Protokolle an einem Ort zu verwalten und bei Bedarf auf einfache Weise auszuwerten. In einer Umgebung mit mehreren Nodes und virtuellen Maschinen spart dies wertvolle Zeit und erhöht die Übersichtlichkeit.

Ein weiterer wichtiger Aspekt der Protokollierung und Compliance in Proxmox ist die Zugriffskontrolle und Authentifizierung. Um sicherzustellen, dass nur berechtigte Personen die Protokolle einsehen und verwalten können, sollten Zugriffsrechte für die Protokollierungs- und Verwaltungsfunktionen klar geregelt sein. Multi-Faktor-Authentifizierung und rollenbasierte Zugriffsmodelle helfen hier, unbefugte Zugriffe zu vermeiden und die Compliance-Anforderungen zu erfüllen. Es empfiehlt sich, eine Zugriffskontrolle zu implementieren, die festlegt, wer auf bestimmte Protokollierungsdaten zugreifen darf und welche Aktionen diese Personen durchführen können. Auch hier lässt sich durch Protokollierung überwachen, wer wann auf welche Informationen zugegriffen hat, um Manipulationen oder Missbrauch vorzubeugen.

Die langfristige Speicherung der Protokolle ist ebenfalls Teil der Compliance-Anforderungen. Je nach rechtlichen Vorgaben müssen die Daten für bestimmte Zeiträume verfügbar bleiben, um bei Bedarf eine vollständige Rekonstruktion der Ereignisse durchführen zu können. Es ist empfehlenswert, die Protokolldaten in regelmäßigen Abständen zu archivieren und an einem sicheren Ort außerhalb der Proxmox-Umgebung zu speichern. So bleiben sie auch bei Systemausfällen oder technischen Störungen geschützt und jederzeit zugänglich.

Man kann sagen, dass Compliance und Protokollierung in Proxmox nicht nur eine rechtliche Notwendigkeit sind, sondern auch das Sicherheitsniveau erheblich steigern. Durch eine klare und nachvollziehbare Dokumentation aller Aktivitäten im Netzwerk können Unternehmen Transparenz schaffen, Risiken minimieren und den Anforderungen von Audits gerecht werden. Die Kombination aus richtlinienkonformer Zugriffsverwaltung, detaillierter Protokollierung und regelmäßiger Analyse der Logdaten schafft eine sichere Basis für eine produktive und rechtskonforme Proxmox-Infrastruktur.

## 26.1 Eigene Notizen

## Eigene Notizen

## 27. Schlusswort

Sie sehen schon, die Proxmox-Firewall ist weit mehr als eine simple Firewall-Lösung. Hinter der Konfiguration und Verwaltung dieser Firewall steckt eine ganze Welt an Themen, von Netzwerksicherheit über Zugriffsmanagement bis hin zu Compliance und Protokollierung. All das sind nur die Grundpfeiler, auf denen eine sichere Proxmox-Infrastruktur aufbaut, doch die Möglichkeiten und Herausforderungen hören hier noch lange nicht auf. Wie so oft in der IT ist auch dieses Thema ein Fass ohne Boden – es gibt immer wieder neue Herausforderungen, Entwicklungen und Best Practices, die sich ständig weiterentwickeln und an die aktuellen Bedrohungslagen und technologischen Fortschritte anpassen.

Mein Ziel war es, Ihnen eine Grundlage zu geben, mit der Sie die Firewall in Proxmox besser verstehen und gezielt einsetzen können. Dieses Werk sollte Sie nicht nur durch die Einrichtung und die grundlegenden Regeln führen, sondern Ihnen auch einen Einblick geben, wie Sie Ihre Infrastruktur wirklich absichern und flexibel aufbauen können. Aber seien wir ehrlich: Fertig bin ich hier nicht. Das sind die »Kindergarten-Grundlagen« zur Proxmox-Firewall. Die Welt der Netzwerksicherheit, besonders in Virtualisierungsumgebungen, geht weit tiefer und bietet eine fast endlose Zahl an Möglichkeiten zur Optimierung und Absicherung.

In den Grundlagen haben wir nur an der Oberfläche gekratzt. Themen wie die Integration weiterer Sicherheitslösungen, die Feinabstimmung von Firewall-Regeln für komplexe Multi-Site-Umgebungen, die Automatisierung von Sicherheitsprotokollen oder auch die proaktive Überwachung und Anpassung von Richtlinien gehören genauso dazu. Auch das Zusammenspiel mit anderen Netzwerk- und Sicherheitstools bietet Ihnen zusätzliche Layer der Verteidigung, die über das hinausgehen, was wir hier besprochen haben. In der Welt der IT-Sicherheit und der Infrastruktur gibt es kein „fertig". Es ist ein ständiges Weiterentwickeln, ein ständiges Prüfen und Verbessern, um den sich immer weiter entwickelnden Bedrohungen gewachsen zu bleiben.

Die Proxmox-Firewall ist ein mächtiges Werkzeug – wenn man es richtig versteht und optimal einsetzt. Ich hoffe, dass dieses Werk Ihnen den Einstieg in die Materie erleichtert und Ihnen die Grundlagen an die Hand gibt, die Sie brauchen. Doch sehen Sie es nur als ersten Schritt. Die Reise geht weiter, tiefer hinein in die technischen Details und Sicherheitskonzepte, die

Proxmox wirklich zur Festung machen. Und wer weiß, vielleicht sind Sie bald derjenige, der die nächste Ebene dieser Firewall-Thematik erforscht und anderen zeigt, wie sie ihr Netzwerk noch besser schützen können. In diesem Sinne: Die Grundlagen sind gelegt – jetzt geht's an die Feinheiten.

## 27.1 Eine Bitte an Sie

Ich würde mich freuen, wenn Sie dieses Buch bewerten. Ihre Meinung ist eine einfache Möglichkeit für mich, auf Fehler oder Verbesserungsvorschläge einzugehen. Außerdem lade ich Sie herzlich ein, meinen Newsletter unter https://ralf-peter-kleinert.de/newsletter.html zu abonnieren, um ein paar Mal im Jahr Informationen über meine neuen Fachbücher zu erhalten. Auf meiner Website finden Sie zudem viele hilfreiche Themen aus dem IT- und IT-Sicherheitsbereich, die Ihnen im Alltag von Nutzen sein könnten.

## 28. Weitere Bücher über Proxmox

Mein Buch **Proxmox VE 8 Praxisbuch: Informationen, Tipps und Tricks für Proxmox-Einsteiger und Fortgeschrittene** (B0CW19TM3N) bietet Ihnen einen fundierten Leitfaden für den Einstieg und die professionelle Nutzung von Proxmox. Die aktualisierte Neuauflage enthält ein erweitertes Kapitel zur

Erstellung eines Hochverfügbarkeits-Clusters, damit Sie Ihre VMs ausfallsicher einrichten können. Dieses Fachbuch liefert hilfreiche Anleitungen und praxisnahe Tipps, um Proxmox umfassend abzusichern und optimal zu betreiben – ideal für Einsteiger und erfahrene Proxmox-Nutzer.

Ich bin sehr stolz darauf, dass mein Buch aktuell als Bestseller Nr. 1 auf Amazon gelistet ist (was sich ja leider ganz schnell ändern kann). Wenn Sie auf der Suche nach einem fundierten Einstieg in die Proxmox-Welt sind, könnte dieses Buch genau das Richtige für Sie sein. Es deckt alle wichtigen Grundlagen ab und bietet gleichzeitig praktische Tipps für fortgeschrittene Konfigurationen und Sicherheitsaspekte. Mit den erweiterten Kapiteln zur Hochverfügbarkeit und Cluster-Erstellung ist es ideal für alle, die Proxmox professionell nutzen und absichern möchten.

Mein Buch **Proxmox VE 8 Proxmox BS 3 Profibuch: Hochverfügbarkeits-Cluster Aufbau** (BoDGXTLSSV) führt Sie in die professionelle Welt von Proxmox ein, mit besonderem Fokus auf den Aufbau eines Hochverfügbarkeits-Clusters. Ziel ist es, dass Sie nicht nur die Grundlagen verstehen, sondern die Mechanismen und Strukturen hinter Proxmox durchdringen. Die detaillierten Schritt-für-Schritt-Anleitungen und umfangreichen Screenshots machen es besonders einsteigerfreundlich – und aufgrund der vielen Bilder biete ich es vorerst ausschließlich als E-Book an. Ideal für alle, die eine stabile IT-Infrastruktur aufbauen möchten.

## 29. Weitere Bücher von mir

Mein Buch **Computer und IT-Sicherheits-Fibel: Informationen, Tipps und Tricks für Computer-Einsteiger und Fortgeschrittene** (BoD73XN1JS) ist ein umfassender Ratgeber, der sowohl Einsteiger als auch erfahrene Anwender durch die wichtigsten Aspekte der Computersicherheit führt. Es bietet praktische Tipps, wertvolle Denkanstöße und eine klare Anleitung, wie man persönliche Daten und Systeme zuverlässig schützt. Diese aktualisierte Neuauflage dient auch mir selbst als Nachschlagewerk und Erinnerung, stets wachsam zu bleiben, wenn es um die Sicherheit meiner IT und Daten geht – und könnte auch für Sie ein wertvoller Begleiter werden.

Mein Buch **Die Mutter aller KI Bücher: Verstehen Sie Künstliche Intelligenz, bevor sie Sie versteht – Der ultimative Leitfaden für die Zukunft** (BoDJ5G3JFX) ist anders als ein klassisches Lehrbuch. Stattdessen nehme ich Sie mit auf eine spannende Reise durch die Welt der Künstlichen Intelligenz, die oft an Science-Fiction erinnert, jedoch auf fundierten Fakten basiert. Dieses Werk entstand aus einer ursprünglichen Idee, die sich stetig weiterentwickelt hat, und bietet nun eine umfassende Sammlung an Themen, die tief in die faszinierenden Möglichkeiten und Herausforderungen von KI eintauchen.

## 30. Haftungsausschluss

Die Informationen in diesem Buch dienen lediglich allgemeinen Informationszwecken. Ich übernehme keine Gewähr für die Richtigkeit, Vollständigkeit oder Aktualität der bereitgestellten Inhalte. Jegliche Handlungen, die aufgrund der in diesem Buch enthaltenen Informationen unternommen werden, erfolgen auf eigene Verantwortung.

Ich hafte nicht für Schäden, Verluste oder Unannehmlichkeiten, die durch die Nutzung oder Nichtnutzung der Informationen in diesem Buch entstehen. Dies gilt auch für direkte, indirekte, zufällige, besondere, exemplarische oder Folgeschäden.

Ich behalte mir das Recht vor, die Informationen in diesem Buch jederzeit ohne Vorankündigung zu ändern oder zu aktualisieren. Es liegt in der Verantwortung der Leser, die Aktualität der Informationen zu überprüfen.

Diese Haftungsausschlusserklärung gilt für alle Inhalte in diesem Buch, einschließlich Links zu anderen Informationsquellen, die von Dritten bereitgestellt werden. Ich habe keinen Einfluss auf den Inhalt und die Verfügbarkeit dieser externen Quellen und übernehme keine Verantwortung dafür.

Die Verwendung dieses Buches erfolgt auf eigene Gefahr, und Leser sollten ihre eigenen Maßnahmen ergreifen, um sich vor Viren oder anderen schädlichen Elementen zu schützen.

Ralf-Peter Kleinert

www.ingramcontent.com/pod-product-compliance
Lightning Source LLC
LaVergne TN
LVHW051230050326
832903LV00028B/2333